よくわかる 起業の計画

中小企業診断士
社会保険労務士 ▶ **宮内 健次**

Ａ４ 1枚で作れる！

ビジネ

はじめに

　本書では、これから起業する方や起業して間もない方あるいは、起業後数年経過したが、さらに経営を成長させたいという方を対象にしています。

　はじめに起業に際しての起業計画の立て方について説明します。

　著者が公的な中小企業の支援・相談機関に勤務していた時には、これから起業したいという方がたくさん来訪されまして、相談を担当させていただきました。

　起業の相談をする方は、皆さん意欲的に取り組んでいましたが、多くの人は、起業したいことについて口頭では説明するものの起業の計画がありませんでした。どのようにまとめたら良いか理解していないのだと思いますが口頭だけでは、なかなか相手に伝わりません。

　また、ほとんどの方は、起業に際して、自己資金のほかに金融機関から融資を受ける予定でしたが、その際には、起業の動機やその内容についての資料が求められます。そこで初めて起業計画をまとめなくてはということになります。

　ここでは、金融機関に説明にいく場合や起業に関係する先に話をする際に起業内容について理解できる計画の作り方について説明します。

　起業する方の負担が少なく、かつ必要項目を組み込んだＡ４用紙１枚の起業計画を用意しました。

　起業計画といっても、法律で決まったものはありません。ただ、金融機関等に提出する場合は、必要な項目はあります。そうした必要項目を入れてかつ一覧で計画がわかるＡ４用紙１枚の起業計画を用意しました。是非活用していただきたいと思います。

　一方、起業計画は、起業に際して必要なものですが、起業はそれで終わり

ではありません。起業後に会社を成長させていくためには、経営体制を整備していく必要があります。この整備のために、重要となる 10 の経営の仕組みを用意しました。是非取り入れていただきたいと思います。

次に、起業計画後の計画も大変重要になります。

起業計画で計画は終了ではなく、起業後の経営を継続していくための計画も必要になります。

それが経営計画です。この経営計画により、経営ビジョンや経営目標を確実に達成していくことになります。

経営計画についても法律で決まったものはありませんが、経営をしていく上での計画上必要な項目はあります。起業計画と同様に必要項目を入れてかつ一覧で計画がわかる A4 用紙 1 枚の経営計画を用意しました。

起業後の次のステップとして経営計画を作成していただきたいと思います。

経営者の中には、先のことはわからないからといって経営計画は必要ないという方もおりますが、計画があってはじめて計画と実績の差がわかり、その問題点を追求できます。また、その計画により、社員も同じ目線で計画を追うことができ、結果として目標を達成するスピードが一番早くなります。是非経営計画もこの機会に作成していただきたいと思います。

本書がこれから起業する方、起業して間もない方、そして、起業したが、今後さらに経営を成長していきたい方などのお役に立てば幸いです。

2024 年 1 月

宮内　健次

目　次

第1章

起業の計画ってなに？
作るメリットは？

1 起業計画の必要性

▶起業計画は、迅速に起業を進めていくためのツールとなる

1. 起業計画の必要性

　起業の相談を受けていますと、自分の考えた起業を早く実現したいということが先行して、具体的な計画がないケースが多く見受けられます。自分で考えた起業案を一方的に話して、後は起業の資金を借りたいので、どの金融機関に行ったら良いかなどと相談してきます。

　いろいろな事情で起業したいという意欲はわかりますが、こういうことでは、ビジネスモデルも明確ではなく、助言しようがありません。ましてや、金融機関を紹介してほしいと言われても、金融機関も具体的な事業計画や返済計画がなくては、融資しようがありません。起業計画書は、一般的に言えば、起業宣言書だと思います。そして、その中に起業内容にかかわることが詳細に書かれていなければなりません。なぜなら、その宣言書は起業内容の設計図でもあるからです。その設計図をもって起業を順次進めていくことになります。

　一般の会社においては、経営の方向性を表すものとして、経営計画を作っています。会社は、この経営計画によって経営を進めています。経営計画は、いわば船で言えば羅針盤ともいえます。これにより、目的地に到着し、会社の目指すいわゆる経営ビジョンに到達していきます。起業計画は、まさに最初の経営計画といえます。

　一般の会社と同様に、起業も同じように、起業計画をきちんと立てることで、経営ビジョンを目指すことになります。

　ただ、起業計画といってもその様式に法律的な決まりはありません。しかし、起業計画に決まりはないものの、会社の未来を示すものなの

で、経営ビジョンと経営目標により、会社の将来像をしっかり描き、それを達成するためのシナリオを作る必要があります。また、起業の際に必要な事業資金を借りる場合も必要な記載事項もあります。この必要な記載事項をもれなく書いたものが起業計画であり、起業の羅針盤となります。

2 起業計画を作成するメリット

▶起業計画を作成すると計画に沿って的確にかつ効率的に、目標を達成していくことができる

　起業計画を作成するメリットについてまとめると次のようになります。

1. 起業の意志が明確になる

　起業することについて、具体的に計画書として書くことで、起業の意志が明確になります。

2. 行動する手引となる

　起業計画書を基にして、経営する際の行動する手引きとして活用していきます。行動上のモレもなくなります。また、もし、問題が発生した場合、この起業計画により、どこに原因があるのかも容易に把握することができます。

3. リスクを軽減する

　起業に必要な要件を計画書にきちんと書くことになり、起業上のモレがなくなります。その計画書を作成する過程で、検討が不足していたことにも気づくことができ、経営上のリスクを軽減することができます。

4.　関係者からの支援が得られる

　最大の支援者となる家族も起業計画書により、何を目指しているのかがわかり安心感とともに応援を受けることになります。また、資金面で応援してくれる支援者に起業内容と目指すことが明確になっているので安心感と応援していただくことができます。

5.　金融機関の支援が受けやすくなる

　起業計画書を基に、借入の際にきちんと説明することができ、借入を容易に進めることができます。また、後述の支援等が受けられます。

6.　事業内容の整理ができる

　自分が描いてきたイメージを計画書として作成することで、情報が整理され、事業内容がより明確になります。

7.　プレゼンの資料となる

　ビジネスコンテストへの参加や起業に伴う助成金の申請をする機会もありますが、その際には、事業の詳細な説明や事業の優位性、新規性、市場性といった重要なポイントについての説明が求められます。この点が明確でないと、コンテストの入賞や助成金獲得は困難です。こうしたことをクリアしていくためにも、起業計画をきちんと作成していくことが求められます。

3 起業計画作成と 金融機関との関わり

▶起業計画を作成することで、金融機関との取引も 円滑にいくとともに、アドバイスや支援も受けられる

　起業については、自己資金で計画を立てて進むこともあるかもしれ ませんが、多くの場合は、事業資金を金融機関から借入をすることに なります。そうした時には、金融機関が制定している起業計画等に記 載して提出します。これにより金融機関からの借入を進めることにな りますが、起業計画により、金融機関からは次のようなメリットがあ ります。

1. 起業計画を基に取引先の紹介が受けられる

　起業計画により、起業する会社の経営ビジョンや経営目標が明確に なるため、金融機関も共通認識を持つ中で金融機関の取引先等を紹介 していただくこともできます。

2. 資金支援が受けられる

　起業時の借入だけでなく、その後の成長などに伴い必要となる設備 等の借入等でも継続して支援していただくことがあります。こうした 時も、計画により経営がきちんと管理されていれば、資金用途を金融 機関も充分に理解していただき、必要に応じてスムーズに資金支援を していただくことになります。

3. 会社の進捗状況を把握してもらえる

　起業計画により、会社の内容を把握していただきます。そして、起

業計画の進捗も定期報告などを行うことでその後も把握していただきます。こうしたことにより、会社を十分に把握していただく中で、必要により、アドバイスを受けることができます。

　また、進捗状況に問題があれば、第三者機関として、問題解決に向けてサポートしていただくことができます。

4 A4用紙1枚で作る 起業計画

▶起業計画をＡ４用紙１枚で作る

1. 起業計画をA4用紙1枚にまとめる

　起業計画を作成するに際して、決まった形式はありません。このため、起業者の経営相談を受けていると自由に作成してきます。良くある例では、起業したい内容と後は必要な資金を書いてくるだけということがあります。これでは、起業の計画としては不十分です。市場規模や競合他社の問題がわかりません。たとえ、起業にこぎつけたとしても、起業はそれで完了ではありません。むしろ、起業後が勝負になります。実際、統計データをみても、起業後に残っている会社は、年々減少しております。それだけ、経営を継続していくということは厳しいということです。

　一方、起業に関しては、融資が伴う場合には、金融機関では、起業者に作成してほしい起業計画書を準備しております。このため、当該起業計画書に従って起業計画を作成しても良いと思います。

　しかし、金融機関の用意した起業計画書について、その内容を埋めれば融資するという確約ではありません。

　少なくとも、そこに書いてある起業についての内容をまずは埋めることが大事です。しかし、その内容の意味を十分理解していないと単なる作文のようになってしまっていたり、場合によっては、起業内容がしっかりまとまっていないために記載できないという事態になります。そこで、ここでは、まず、Ａ４用紙１枚で作る起業計画の基本設計図を紹介したいと思います（20 ～ 21 ページ参照）。

2．A4用紙1枚に組み込む枠組み

　Ａ４用紙１枚に組み込む枠組みは、次のようになっており、その概要について説明します。

(1)　**企業内容**

　　企業の代表者、企業名、所在地、設立、資本金、事業内容で、企業の概要を示しています。

(2)　**起業の目的**

　　起業の動機、アイデアです。ここは、起業の核となる部分で、起業が成功するかどうかはここで決まるといっても良いと思います。さらに、経営者の資源として経歴、資格、特許がありますが、起業の基盤を強固にするものとなります。

(3)　**起業の将来**

　　経営ビジョンと経営目標を記載します。

　　起業後の将来の到達先や目標とする数字になります。これが起業計画の着地点となりますので、十分検討して決定してください。

(4)　**ビジネスモデル**

　　取扱内容、販売ターゲット・市場規模、販売戦略、セールスポイントですが、ここは、販売を中心としたビジネスモデルを記載したもので、この仕組みがきちんとしていれば、成長が見えてきます。

(5)　**環境**

　　外部環境、内部環境、競合環境で、起業を取り巻く状況を調査した上で記載します。

(6)　経営方針と取引先

　経営方針とは人、物、金、情報であり、起業を支える基盤となるものです。

　また、取引先は、起業を支えるネットワークとして重要になります。

(7)　計数計画

　ここは、起業していく上で必要となるお金の管理です。起業するには、設備資金や運転資金が必要です。そうしたことを資金計画により、明確にしていきます。一方、損益計画は、起業後は、収益を生むことが必須条件となりますので、その根拠を明確に記載していくことになります。

(8)　進捗管理

　起業は、計画して終わりではありません。起業時の事務手続や起業に関わる作業がありますので、そうしたことを予定通り実施しているのを月別実施計画できめ細かく管理していきます。さらに、計数も大切になります。損益計数を決めてはいるものの、予定通り推移しているのかを月別目標利益計画で管理していきます。

起業計画書

【計画期間：令和○○年度】

【企業内容】

1．企業

代表者	
企業名	
所在地	
設立	
資本金	
事業内容	

【起業の目的】

2．動機・アイデア

動機	
アイデア	

3．経営者の資源

経歴	
資格	
特許	

【起業の将来】

4．経営ビジョン・経営目標

経営ビジョン	
経営目標	

【ビジネスモデル】

5．取扱内容 ➡ 何を

6．販売ターゲット・市場規模 ➡ 誰に

販売ターゲット	
市場規模	

7．販売戦略 ➡ どのように販売するか

8．セールスポイント ➡ 課題解決や優位性はあるか

【環境】

9．外部環境

政治環境	（機会）：
	（脅威）：
経済環境	（機会）：
	（脅威）：
社会環境	（機会）：
	（脅威）：
市場環境	（機会）：
	（脅威）：
その他環境	（機会）：
	（脅威）：

10．内部環境

強　み	
弱　み	

11．競合環境

競合先	
競合対応	

【経営方針と取引先】

12．経営方針

人	
物	
金	
情　報	

13．取引先

販売先	
仕入先	
外注先	

【進捗管理】

16．月別実施計画

実　施　内　容	区分	○月	○月	○月	○月	○月	○月	○月
	計画							
	実績							
	計画							
	実績							
	計画							
	実績							
	計画							
	実績							
	計画							
	実績							
	計画							
	実績							
	計画							
	実績							

（注）計画・実績は ➡ で表示

令和○○年○○月○○日作成

【計数計画】

14．資金計画

（単位：万円）

必要な資金		金額	調達の方法	金額
設備資金			自己資金	
			親、兄弟、友人等 （内訳：返済方法）	
			金融機関 ○○金融機関 （内訳：返済方法）	
運転資金				
合　計			合　計	

15．損益計画

（単位：万円）

項　目		1年目	2年目	計算根拠
売　上　高				1年目
売 上 原 価				
売上総利益				
一般管理費等	人件費			
	家賃			
	諸経費			
				2年目
営 業 利 益				

17．月別目標利益計画（開業年度）

（単位：万円）

項目	区分	○月	○月	○月	○月	○月	○月	○月	○月	○月	○月	○月	○月	合計
売 上 高	計画													
	実績													
売 上 原 価	計画													
	実績													
売上総利益	計画													
	実績													
一般管理費等	計画													
	実績													
営 業 利 益	計画													
	実績													

18．○○年度の総括（成果と反省）

第2章

起業の目的はどうやって まとめたら良いの？

1 起業の動機の重要性

▶起業の動機は、起業の始まりであり、起業の中核となる

1.　起業する動機の重要性

　起業するに際しては、その動機を整理し、なぜ起業するのかを明確にする必要があります。起業の内容が不明確のままで起業でもするかという姿勢の場合、起業に伴う設備資金や運転資金等の金融機関との借入交渉において起業目的などをきちんと話し合うことができず、先に進まないということがしばしば発生します。こうしたことが起こらないように起業の動機を明確にしていくことが大切になります。

　また、起業の動機は、実は会社を起業した後は、会社として最も重要な経営理念になっていきます。

　経営理念を作る目的は、経営活動をする上での「モノサシ」を作るということです。

　会社は、この「モノサシ」を基準として経営活動を進めていくことになります。

　こうしたことから、起業の動機としては、「社会での役割」と「会社の判断基準」という2つの基準を入れていっていただきたいと思います。会社が社会でどのような役割を果たしていくのか、また、会社を運営していく上で、役員、社員がどのような判断基準で進んでいくのかをきちんと明確にしていくことで組織が一丸となって進んでいくことができるのではないかと思います。

　会社経営をしていく上で、経営活動がこの起業の動機に合っているかを常に検証していきます。

　この起業の動機は、経営活動をしていく上でのモノサシになります。

　このモノサシを基準に経営活動をしていきます。

　次に動機の作り方ですが、すでに会社として起業の動機が明確であれば、そのまま使ってください。また、起業の動機が明確になっていない場合は、次のようなことから考えていきます。

　第1に、経営していく中でのモットー（座右の銘）は何か。

　第2に、なぜ起業したいのか。

　第3に、どういう姿勢で経営をしていくか。

　なお、経営理念については、「第12章　3. 経営計画で新たに作成し重要視される項目」で詳細に解説してありますので、あわせて参照してください。

2 起業のアイデアの出し方

▶起業のアイデアいかんにより、起業が成功するかが
決まる。十分検討する必要がある

1.　起業のアイデアを作る

　起業で何をするかを考えることは、起業の成否に影響するために、
十分に検討する必要があります。ただ、何か会社を興したいという漠
然としたことでは、成功には及びませんし、何も進みません。

　このため、ビジネスとしてのアイデアを考えて作ることが大事にな
ります。

　このアイデアを作るには、2つの段階があります。

(1)　**自分自身の段階**

　自分自身の1つ目は、やりたいことを整理すること。

　やりたいこととは、起業により、何を成し遂げていきたいのかを
明確にすることです。

　やりたいことが不明確では、何から手を付けて良いかわかりませ
ん。なんとなく独立したいという理由では、何も進みません。

　一方、いろいろやりたいことはあるといっても決まらないのも困
ります。やりたいことが決まらないのでは、先には進みません。自
分のやりたいことを整理する必要があります。その整理として、起
業＝人生となりますので、これからの人生で何を成し遂げたいのを
考えることになります。

　自分自身の2つ目は、できることの整理をすることです。

　自分の経験や技術力や人脈などを整理することです。自分のた
どってきたことを振り返ることがポイントになります。また、自分

の持っている技術やノウハウも整理していくことです。さらには、人脈として、協力者はいるか、見込み客となる先はあるかなども整理していくことが大切になります。

(2)　**課題の段階**

　起業は、自分がやりたいことであり、また、できることであっても、市場が求めていなければ成り立ちません。つまり、大切なことは、これから作りたい、あるいはできることに加えて世の中の課題を見つけ、解決策を提案することが大事になります。しっかりと課題を引き出し、その課題の解決策を出す作業が起業の大きな一歩になります。

　しかし、実際には、この課題を明確につかみ、さらには解決策を考えることはなかなか容易ことではありません。ここでは、課題とその解決のアプローチとして、次のように考えていくことをおすすめしたいと思います。課題とその解決となるアイデアの出し方です。

　実際に、アイデアを考えるといっても、そう簡単に出るものではありません。しかし、きちんとしたアイデアが出なければ、起業は成り立ちません。

(3)　**アイデアの出し方**

　アイデアの出し方は、次のように取り組んでいくことをおすすめしたいと思います。

　第1は、日常生活の不便、不安や社会問題となっていることなどから考えることです。

　いきなり、アイデアを考えるといっても、簡単に出るものではありません。日頃から、問題意識をもって考える習慣が大事です。

　日常生活の不便、不安、社会問題から考えていくとアイデアの糸口になります。また、自分1人で考えるのも良いですが、周囲に「不便」、「不安」、「社会問題」の目線で知り合いや関係者にヒアリング

するのも良いでしょう。

　第2は、オズボーンのチェックリストを活用し考えると良いでしょう。

　これは、米国のオズボーン氏が考案したもので、アイデア出しで使われており、次の表の9つのチェックポイントからなります。

項　目	内　容
転用	ほかの方法にできるか
応用	ほかに使えないか
変更	変更したらどうか
拡大	拡大したらどうか
縮小	縮小したらどうか
代用	ほかに代用できないか
置換	入れ替えたらどうか
逆転	逆さにしたらどうか
結合	組み合わせたらどうか

　第3は、アイデア推進シートを使います。

　次のようなアイデア推進シートを常に携帯し、考える習慣をつけると良いでしょう。アイデアは、考えてすぐに浮かぶものではないので、こうしたシートでの習慣づけも大事です。このようなシートは、製造業などでは、改善提案制度として利用されています。

アイデア推進シート	
項　目	内　容
現在どのようにしているか	
どのような課題があるか	
どのようにしたら解決するか	
どのような効果があるか	

　そのほかにもいろいろアイデア出しはあると思いますが、単なる思

いつきではなく、しっかりした実用的アイデアでなければ、いかにやりたいことであったり、できることであっても、先に進まないことになりますので、注意してください。

3 アイデアの整理

▶考えたアイデアは顧客の視点、競合他社の視点、自社の視点から整理していく必要がある

　アイデアができたら、次に事業として適切かについて、顧客の視点（Customer）、競合他社の視点（Competitor）、自社の視点（Company）から見るいわゆる3C分析をしましょう。

1.　顧客の視点

　顧客の視点とは、見込み客は、どのような人かです。第1に、人の面からで、年齢、性別、住所、趣味などを見ます。第2に、求められているニーズの面からで、見込み客が求めているニーズを見ます。第3に、顧客の市場規模とその構成等を見ます。顧客の数や地域での構成などを見ます。第4に、顧客の購入方法を見ます。こうした点を見ることにより、「誰に、何を、どうやって、どの程度売れるのか」を見極めます。

2.　競合他社の視点

　これは、まさに競合を見ることです。いわゆる競合になる相手は、予定している商圏内にいるのか。また、もし、存在するとすれば、どのような内容なのかを見ます。そして、競合先の強みや弱みを見ていきます。

3.　自社の視点

　これは起業する自社の状況を見ることです。自社の有形、無形の経営資源を強みと弱みの観点から見ていきます。具体的には人の面では人脈はどうか、物の面では有効な設備はあるのか、金の面では競合と戦うだけの資金は準備できるのかなどを見ます。

　以上の顧客の視点、競合他社の視点、自社の視点からアイデアを検証することで、起業に対応できるかを見極めています。その結果問題がなければ、ビジネスモデルとして構築していきます。

4 リスクの対応

▶起業に際し、リスクをできる限り回避するため、起業の段階で検証する必要がある

1. 市場に導入する前の段階

　顧客予定者にインタビューやアンケート等により顧客の課題解決として予定している商品やサービスが顧客の求めているものなのか、検証していきます。

　アイデアやさらにはサンプルが可能であれば、そのサンプルにより直接顧客にインタビュー等をして意見を集め評価します。

　その結果、効果があると確信した場合は、さらに起業に向けて、次の段階に進めていきますが、提供する商品やサービスの内容に問題があれば見直しすることになります。

2. 商品やサービスの導入の段階

　顧客の課題を解決するという商品やサービスを具体的に導入します。この段階では、試作の商品であり、サービスとなります。このため、必要最低限で導入します。

　もし、問題が生じた場合には、再度商品やサービスを見直しすることになります。

3. 市場に導入した後の段階

　実際に販売した顧客にインタビューをしていきます。導入前の顧客予定者へのインタビューと同様に、意見を集めて評価します。

　ここでも問題があれば、商品やサービスについて見直しをしていくことになります。

　このように、アイデアを決めて、ビジネスモデルとして進めるにしても上記の段階を踏まえていくことが大切です。

5 方向転換

▶市場に適合しているかを検証する中で、適合に問題がある場合には、方針転換を行う

アイデアを具現化していく中で、市場のニーズに適合しない場合があります。そうした場合には、商品やサービスの取扱いについて大幅な軌道修正をしていきます。

そうした場合には、商品やサービスの戦略も大きく変わりますので見直す必要があります。

せっかく考えて進めてきたのでということで方向転換をためらうことも多いと思いますが、それを実行しなければ、結局は市場と乖離して商品やサービスが市場から受け入れられないということになります。

一方、方向転換については、次の点にも留意しましょう。

1.　方向転換する理由を明確にする

方向転換しなければならないのか、改善できることはないのか等十分に検討して行いましょう。

安易に方向転換しても、簡単には行き先は決まりません。現行の問題点を十分に検討する必要があります。

2.　方向転換の合意性

起業に際して、自分1人ではなく、仲間がいる場合には、十分に相談した上で方向転換を行うことです。仲間の承認がなければ、起業自体がまとまらず停滞してしまいます。

3．会社としての方向性の検証

　会社には、将来の経営ビジョンや経営目標があります。そうしたことに対して、方向転換の内容が合わなければ、会社としては成り立ちません。

　こうしたことから、方向転換にあたっては、会社の経営ビジョンや経営目標と整合性があることが必要です。

6 経営者の資源

▶**経営者の資源は、起業にとって重要な要素となる。
内容によっては起業のキーとなる。**

1. 経営者の資源

　経営者が所有している次のようなものは、起業において重要な資源となります。

⑴　**経歴**

　経歴は、起業する内容と密接につながっている場合もあり、重要となります。例えば、衣料品関係の起業であれば、服飾の専門学校で学んだことや、服飾関係に勤務していたことは役に立ちます。あるいは、大学の専門課程で学んだ技術なども起業に関連する技術につながることもあります。

　場合によっては、起業のために、改めて専門学校や大学で学び直すこともあります。

⑵　**資格**

　資格は、起業する内容によって国家資格等が求められることも多くあるので、起業にとって重要な要素となります。起業と関連している資格は明記しましょう。

⑶　**特許**

　特許は、その内容にもよるが、特許を持つことにより、他社との差別化ができるのであれば重要な要素になります。そして、その特許した取得は他社に対して優位性となります。ただし、これから特

許が必要などの理由で取得する場合には、特許の取得費用や期間も
かかるので十分考慮する必要があります。

　一方、すでに他社が起業に関連している内容について特許を取得
している場合もあるので、その点は、十分に調査する必要がありま
す。

第3章

起業の将来とビジネスモデルは
どうやってまとめたら良いの？

1 経営ビジョン

▶経営ビジョンは社員と共有する夢であり、目指す目的となる

1. 経営ビジョンを作る

　経営ビジョンは、会社の将来のあるべき姿（夢）を描きます。将来どのような会社になりたいのかを描いていきます。どんな会社でも、将来こうなりたいという夢があると思います。そうした夢を経営ビジョンとしてあげていきます。単に漠然とこうありたいというのではなく、「社長の強い思い」が必要となります。

　どうしても夢が描けないのであれば、現状をみて3年後はこうなると推定して経営ビジョンとして作成しても良いでしょう。

　こうした経営ビジョンにも、ステップがあります。いきなり大きな夢に到達できれば良いのですが、大きな夢であればあるほど時間がかかります。やはり、何年後にこうなるという夢のステップを踏むことになります。

　3年を想定していますので、もし、夢が長期にわたる場合は、その夢の途中のステップとして3年後は、ここまで到達すると作っていきます。

2. 経営ビジョンの内容

　次に、経営ビジョンの内容について考えます。

　経営ビジョンとしては、社長の強い思いが必要といいましたが、「単に会社を大きくしたい」というようなものでは、漠然としてわかりません。

このため、次のような視点から作ってみましょう。

⑴　事業領域はどこなのか

会社は、将来、どのような事業領域を伸ばそうとしているのか。

⑵　商品は何なのか

会社は、将来、どのような商品を主力にしようとしているのか。

⑶　規模はどの程度なのか

会社は、将来、売上や利益など、どの程度大きな規模にしようとしているのか

⑷　社員の夢になるか

会社の掲げたビジョンは、社員の夢に結びつけられるのか。

この中で、特に会社の経営ビジョンが社員の夢になるのかは最も大切です。会社に入社する社員にとっては、職場の環境や賃金は重要な要素となります。

しかし、それだけではありません。会社が将来どのような経営ビジョンを掲げているかも、会社で働く大変重要な要素です。会社の経営ビジョンと自分が会社で実現しようとしている夢とが一致することによって社員は仕事にやりがいがでてきます。

◇ 経営ビジョンが社員の夢になるのが一番

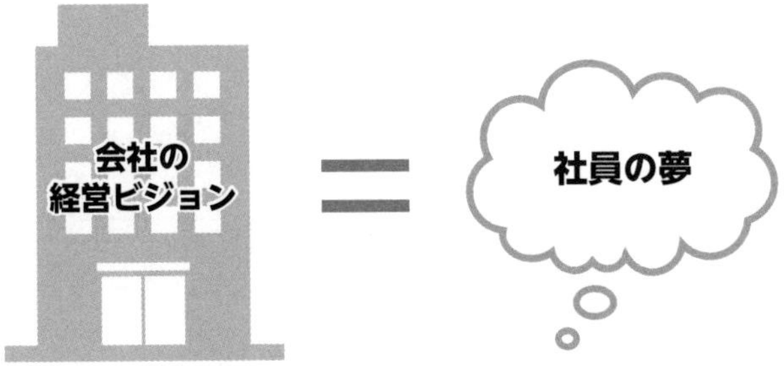

　こうしたことから、経営ビジョンは「社員の夢となりうるのか」は、十分に考慮したいものです。

　他社の事例で、中小企業でよく見かけるのは株式上場です。株式上場は知名度も上がり、市場から大きな資金を獲得することができ、大きな夢となっています。また、会社の認知度が高くなることで社員に大きな誇りがもてます。

　そのほかの事例では、○○業で○○地域ナンバーワンです。やはり、業種や地域でトップになるというのは、わかりやすいものと思います。

　また、○○商品でオンリーワン企業になるということがあります。オンリーワンというのは、どの企業でもやっていないことを唯一やっているという点では、トップに匹敵する価値があります。

　この経営ビジョンで、会社の方向が決まってしまいます。また、社員の夢が決まってしまいます。このため、経営ビジョンはしっかり考えていただきたいと思います。

2 経営目標

▶経営目標は、経営ビジョン達成のための道しるべ

経営目標は、経営ビジョンの実現のための具体的な目標です。

会社の将来のあるべき姿（夢）を実現するためには、単なる願望だけでは実現しません。具体的な経営目標を掲げる必要があります。経営目標では、Key Goal Indicator を設定します。この Key Goal Indicator は、重要目標達成指標といいます。以下「KGI」といいます。

経営目標の KGI としては、経営計画として総合的な目標指標を設定していきます。

KGI で設定する目標指標としては、財務目標と業務目標があります。

1. 財務目標の例

(1) 売上高を目標とする。

売上高は、計数としては、非常にわかりやすい計数であるため、よく目標として使われます。この目標により、社員は、設定した売上拡大を目指すことになります。しかし、この目標だけだと売上は上がっても利益が出ないという場合が想定されます。このため、売上を目標の数字とする場合は、利益目標の設定も望まれます。

(2) 営業利益を目標とする。

会社は、利益を上げることが第一の目的です。このため、会社の目標としては、利益を上げることが第一にきます。

そして、利益の中でも営業利益は、営業活動で得た利益であるため、これも、売上高と同様にわかりやすい目標です。

⑶　**総資本営業利益率（営業利益÷総資本×100%）を目標とする**

　総資本営業利益率は、会社の全資本でどのくらいの営業利益を上げたか判断するもので、会社の収益性を総合的に見る点では優れています。業界の指標や過去の指標などを参考にして率を決定していきます。

⑷　**売上高営業利益率（営業利益÷売上高×100%）を目標とする**

　売上高に対してどれだけ営業利益を上げたかを示すもので、利益率の高さをみる点で指標として優れています。これも、総資本営業利益率同様に業界の指標や過去の指標などを参考にして率を決定していきます。

2.　業務目標の例

⑴　**自社固有の技術の開発**

　中小企業では、取引先企業の下請けになっている場合が多くあります。下請けの場合、親企業から決められた単価がある、度重なるコストダウン要請があるなどにより、思うような利益はなかなか上がりません。起業においては、自社固有の技術の開発を目指します。独自の専門的な技術開発が目標となります。

⑵　**新分野への進出**

　既存市場が成熟している場合は、広く新たな事業分野に活路を見出すことも選択肢の1つです。培ってきた技術を応用するなどして、新分野進出を目標とします。

⑶　**社内の仕組みの構築**

　コンピュータの導入などにより、一定期限内に手作業による事務の機械化などを行います。ただし、コンピュータの導入は、初期費用が相当必要となるため、費用対効果をしっかり検証する必要があ

　ります。

　今まであげた財務目標も業務目標も、経営目標としてはごく一部です。自社の経営形態に適した目標を設定していく必要があります。

3 ビジネスモデル（収益の仕組み作り）を作る

▶ビジネスモデルの基本となるのは、販売モデルと自社体制である

1. 販売モデルの確立

販売モデルは、次のような3つの基本項目があります。

項　目	内　容
1.何を	取扱内容
2.誰に	販売ターゲット・市場規模
3.どのように販売するか	販売戦略

2. 販売モデルの説明

⑴　**取扱内容〜何を**

　　ここでは、アイデアを具体化して、商品やサービスなったものを説明していきます。当然、販売ターゲットのニーズに適合したものでなければなりません。

　　何を提供するのかが、曖昧だとビジネス自体が崩れてしまいます。売る商品やサービスなので明確に記載しましょう。

⑵　**販売ターゲットと市場規模〜誰に**

①　**販売ターゲットを明確にする**

　　具体的に誰に商品やサービスを提供するのかを明確にする必要がある。それは、商品やサービスの内容によっては、個人かもしれないし法人かもしれない。ターゲットの属性を明確にしていく必要がある。個人であれば、性別、職業、住所地域、勤務地域、趣味など

の属性を明確にしていくことである。

② **市場規模は調査する**

ターゲットの市場規模はどの程度あるかを調べる必要があります。この市場調査については、インターネット等により、政府の統計情報やレポート資料などで得ることができます。また、業界団体の市場動向の資料も参考にできます。

そのほか、身近な商品やサービスであれば、関係先に直接インタビューやアンケート方式も有効です。

(3) 販売戦略〜どのように販売するか

販売戦略としては、主なものに販売方法と営業方法と価格の設定があります。

① **販売方法をどうするか**

どのような方法や販路で販売していくかを検討する必要があります。個人向けに直接販売するのならば、店舗やインターネット販売になります。店舗の場合は、立地条件などを検討する必要があります。一方、インターネットならば、どのルートが良いか検討していく必要があります。また、法人向けの場合は、直接営業や代理店形式による営業なども考えられます。

② **営業方法をどうするか**

売上を上げるために、どうしていくかを検討する必要があります。オンラインによる営業では、ホームページを活用したりポータルサイトを利用したりします。一方、オフラインによる紹介営業や電話営業あるいは商品やサービスの内容にもよりますが飛込み営業もあります。身近な営業であれば、チラシを直接配布したり、ポスティングもあります。その商品やサービスの内容で効果的なものを選択していく必要があります。

③ **価格の設定をどうするか**

販売する価格は会社としては非常に重要な要素となる。この価格

設定の1つには、商品やサービスにかかる原価を積算し、利益を加えて決める方法があります。次に、競合商品やサービスも考えられるため、競合となる商品やサービスの価格を参考にして価格を決めることもあります。さらには、顧客が納得する価格なのかを検討して決定していくことがあります。アイデアのところと同じように、売りたい価格（十分利益が得られる価格）、売れる価格（顧客が納得できる価格）、競合者の価格（競争上の価格）を常に念頭に置いて設定していくことが大切になります。

3. 販売モデルを支えるセールスポイント

販売モデルでは、それが顧客に良いというセールスポイントがなければ売上にはつながりません。

自社のセールスポイントをきちんと整理しておくことが販売にあたっては重要です。

このセールスポイントが明確になっていなければ、競合先がある場合には、顧客を囲い込むことができません。また、顧客は興味を示しません。

次に、セールスポイントの着眼点を説明します。

(1) **課題解決**

課題解決は、顧客の課題をきちんと把握しており、その課題に解決するものを提供する必要があります。

起業者の独りよがりで満足して商品やサービスを提供しても結局は売れません。このため、本当に顧客が希望しているものなのかを市場調査していくことが重要になります。

そして、その課題に対して的を外していないかしっかり検証してください。

(2) **優位性**

　優位性ですが、自社の商品やサービスが競合他社と比較してどこが優れているかを明示してください。また、競合がいない場合には、それはなぜ顧客にとって良い商品であったり、サービスであったりするのかをきちんと説明できることが大切です。

　商品やサービスについては専門の機関等に出してその効果を証明していくことも必要となります。

　ただ、自分の実感で良いというだけではなく、こうした証拠を取ることで顧客は安心して利用することができます。

4. 自社の体制

　販売モデルを支えるのは自社体制になります。このため、販売モデルに合った、自社の製造や加工体制を整える必要があります。生産性向上による原価低減も考える必要があります。そのためには、経営の仕組みが重要な役割を果たします。後述の「第10章　起業後の重要な10の仕組み作り」を参考にしていただきたいと思います。

　特に製造や加工については、自社で設備を整えて行うのかあるいは外注するのかも重要な点になります。

　内製化するか外注化するか、あるいは外注管理をどのようにすると良いのかは、後述の「第10章　5．外注管理の仕組み」における外注管理の手順を参考にしてください。

　一方、仕入の問題もあります。会社で使用する材料などを購入する場合その良し悪しで商品やサービスに影響します。また、購入費用によっては、利益に影響することもあります。購入については、後述の「第10章　6．購入管理の仕組み」を参考にしてください。

4 ビジネスコンテスト等への参加

▶都道府県等で開催しているビジネスコンテストに参加したり、補助金等を活用する

1.　ビジネスコンテストに参加

　起業を予定している会社には、ビジネスコンテントがあります。ビジネスコンテストとはビジネスのアイデアを競うもので、民間企業や公的機関などが企画運営しております。

　ビジネスコンテストは、主にこれから起業する会社や起業後一定期間内の会社などの条件はありますが、それをクリアすれば応募できます。

　こうしたビジネスコンテスに応募しますと審査が行われ、その審査を通過すると参加者に賞金や特典が付与されます。

2.　ビジネスコンテストの参加メリット

⑴　**資金面の補助になる**

　ビジネスコンテストで賞などの対象になると、賞金が支給されるケースが多くあります。この賞金は起業の調達資金として役立ちます。

⑵　**計画書の磨き**

　多くのビジネスコンテストでは、新規性、優位性、市場性、社会性などの点が強く求められます。

　起業時のアイデアについては、優位性が不明確であったり、市場性の調査が不十分などに気がつき、見直しする機会になります。

(3) やる気が向上

　コンテストを目指すことで、審査を通過し、賞を獲得する意志がでます。また、競争相手にも勝ちたいという気持ちが出て起業意欲が高まります。

(4) アドバイスがもらえる

　審査員とし、各界の経験豊富な有識者がおりますので審査において、アドバイスを受けることもあります。起業者の実務経験を補うことができ、より良い起業計画になっていきます。

(5) 人脈を広げる

　コンテストに参加することで、ほかの起業者との交流を通して情報交換や人脈を広げることもできます。

(6) 宣伝になる

　コンテストに参加することで、自社の商品やサービスの宣伝になります。審査員や企業の目に留まれば、支援にもつながります。

3．補助金等の申請

　よく利用されるものには、小規模事業者持続化補助金やIT導入補助金があります。

　小規模事業者持続化補助金は、販路開拓や生産性向上に取り組む際の経費を補助していただけます。

　IT導入補助金は、生産性向上のためにITツールを導入する際の経費に補助があります。

　そのほか、都道府県等で起業に伴う助成金もあります。

第4章

起業の環境ってなに？

1 外部環境、内部環境、競合環境を知る

▶外部環境、内部環境、競合環境で
会社を取り巻く状況を知る

1. 外部環境と内部環境を分析する。

　具体的には、自社を取り巻く外部環境と自社の内部環境をみていきます。外部環境と内部環境の分析手法には、SWOT分析があります。（米国スタンフォード大学で考案され経営戦略のツールとして利用されている）これは、外部環境を「機会（Opportunities）、脅威（Threats）」という点からみて、内部環境を「強み（Strengths）」、「弱み（Weaknesses）」という点からみるものです。

　SWOT分析という名前は、英語の頭文字からきているもので、SWOT分析を表にあらわすと次のようになります。

◪ SWOT分析表

	良い影響がある	悪い影響がある
外部環境	機会（Opportunities）	脅威（Threats）
内部環境	強み（Strengths）	弱み（Weaknesses）

　この手法は、企業の現状を知る上で活用できます。

　外部環境を分析する。外部環境については、政治環境、経済環境、社会環境、技術環境、市場環境、労働環境、資金環境などの点を分析していきます。

　そして、この外部環境について、SWOT分析により、「機会（チャンス）」と「脅威（問題）」から分析していきます。「機会（チャンス）」

というのは、自社にとって、外部環境がチャンスとなっていることをあげていきます。この外部環境は、一般的に、1つの企業で左右できるものではありません。一方「脅威（問題）」というのは、自社にとって、外部環境が問題となっていることをあげていきます。

　次に内部環境を分析します。

　内部環境については、自社の持っている財務面、人材力、商品力、サービス力、営業姿勢などの点を分析していきます。そして、この内部環境について、SWOT分析により、「強み」と「弱み」から分析していきます。

　内部環境の「強み」としては、自社にとって内部環境が他社より優れていることをあげていきます。一方、内部環境の「弱み」としては、内部環境が他社より劣っていることをあげていきます。人材力で「人材教育がない」などは弱みになります。内部環境の中で、特に重要なのは、財務面になります。財務面に問題があれば、設備投資や資金繰りに影響がでてきます。仮にほかの面が良くても会社活動に問題がでてきます。

　このため、財務面でどこが良くてどこに問題があるのかをしっかり把握する必要があります。また、この財務面の状況は、経営目標や利益目標に大きく影響してきます。そうしたことから、自社の財務面はきちんと分析する必要があります。

2.　競合環境を知る

取引内容で競合する企業について分析します。

　競合企業を調べるには、インターネットなどにより検索することができます。また、商品やサービスによっては、実際に競合すると考えられる先に足を運んだり、同業種の組合で調べたりすることが必要となります。そして、どのような商品やサービスなっているのか競合企業の特徴を見て分析します。さらに、自社の商品やサービスと比較し

て、自社の優位性を明確にする必要もあります。次のような競合比較表を作り検討していくと比較が容易になるので活用してください。

◀ **競合先分析表**

競合先	事業所	主要な商品・サービス内容	特徴	当社より優れている点	当社より劣る点	対策
○○社						
○○社						

第5章

経営方針と取引先について

1 経営方針

▶人、物、金、情報という経営資源の使い方で経営は伸びる

経営目標を達成するために、経営方針として、自社の経営資源をどのように活用していくのか決めていきます。経営資源の定義については、様々な考え方があります。ここでは、「人」、「物」、「金」、「情報」の枠組みで考えていきます。

なお、中小企業基本法では、経営資源について、「設備、技術、個人の有する知識及び技能そのほかの事業活動に活用される資源をいう」と規定されています。

さて、この経営資源である、人、物、金、情報について基本的なものをあげてみます。

1.　人

第1の「人」は、次のようになります。

組織のあり方として、どのような組織体制を組んでいくのかを考えます。いろいろな組織形態はあると思いますが、経営目標を達成するための組織を考えていきます。さらに、どのように人材を育成または活用していくのかを考えていきます。

2.　物

第2の「物」は、次のようになります。

設備の取扱いとして、現在所有している設備をどのように取扱っていくのか、また、新たな設備が必要なのかを考えていきます。また、現在の製品（商品）をどのように取扱っていくのか、また、今後どのような製品（商品）構成にしていくのかを考えていきます。

3.　金

　第3に「金」は、次のようになります。

　運転資金を含む日常の資金をどのように調達していくのかを考えて
いきます。さらに、設備資金にかかる資金をどのように調達していく
のかを考えていきます。また、開発資金として、新製品開発や新技術
開発に伴う資金をどのように調達していくのかを考えていきます。

4.　情報

　第4の「情報」は、次のようになります。

　定量時な情報として経営情報、原価情報、販売情報などの数値情報
をどのように取扱っていくのかを考えていきます。また、定性的な情
報として市場情報、顧客情報、技術情報、商品情報や人事情報などの
情報の管理をどのように取扱っていくのか考えていきます。

2 取引先

▶取引先を会社を取り巻くネットワークと捉え、円滑化を図る

　取引先は、会社のネットワークと考えます。このネットワークがきちんとしていれば、安定した商品やサービスの供給が可能になります。

　このため、ネットワークを明確にするとともに取引条件を決めていきます。

　取引先の条件は、個々に交渉していくことになりますが、自社の商売にあった内容にしていくことが重要です。

　手形を取扱う場合もあると思いますが、手形の取引は、発行や引落しの管理を考えると煩雑さやリスクもあるので、現金や掛にしていくのが良いと思います。

◆取引条件表

取引内容	取引先名	当社のシェア	取引方法	回収と支払条件
販売先	○○	○○%	現金	現金、翌月○払い
外注先				
仕入先				

第6章

起業の計数計画ってなに？

1 資金計画

▶会社立ち上げ時には、いわゆるやりくりするための資金の調達と管理が必要になる

1. 資金計画の作成

資金計画により、起業時にかかる資金がいくら必要かがわかります。

計画通りに売上が上がらなかったり、あるいは設備等に計画より支出が増えたりする場合もあるので、自己資金が多い方がリスクは少なくなります。このため、自己資金や親族、友人等からの資金は目標としては、3分の1以上はほしいものです。

具体的には、次のような項目で資金計画を作成します。

⑴ **必要な資金**

　①設備資金

　　設備資金は、店舗増設、機械、備品、車両などの資産性のある資金です。

　②運転資金

　　仕入代金、人件費、家賃等の経費などの会社の運営のための費用になります。

⑵ **調達の方法**

　①自己資金

　　自分の預貯金

　②親、兄弟、友人等からの資金

　　内訳として、返済方法も記載します。

　③金融機関からの借入

内訳として、返済方法も記載します。

(3)　資金計画

資金計画は次のようになります。

◪ 資金計画

(単位:万円)

	必要な資金	金額	調達の方法	金額
設備資金			自己資金	
			親、兄弟、友人等 (内訳:返済方法)	
運転資金			金融機関 〇〇金融機関 (内訳:返済方法)	
	合計		合計	

2.　起業後の資金計画の管理

　起業後については、毎月の収入と支出の資金管理は重要となります。不測の事態等で資金ショートが発生しないように、月次単位の資金繰り表を作成し資金管理をしていきます。

　この資金管理の方法については、後述の起業後の重要な10の仕組み作りを参照してください。

2 損益計画

▶損益計画を立てて、
当該事業が、どの程度利益ができるかを作成する

1. 損益計画について

　これからの事業が毎年どの程度利益を出すことができるかを記載します。ただし、ここの根拠がきちんとしていないと1年経過したら赤字になっていたということになりかねません。売上高及びそれに伴う諸経費をきちんと記載していきます。

　この中で、売上高の計上は、会社の利益を左右するので、重要になります。きちんとした根拠となる数字を計上することが大切です。

　例えば、販売業であれば、売り場面積を基に計算したり、部品加工業であれば生産能力、そして、サービス業であれば客単価を基本にして計算します。もちろん、売上高についていくら計算上算出しても、きちんとした販売促進がなければ数字はついてきません。

　あとは、経費ですが、原価率や諸経費の管理をしっかり管理しないと売上高が予定通りであっても、費用が多くかかり、結局赤字になることもあります。このため、原価率や諸経費の管理をしていくことが大事です。

1. 損益計画の作成

　損益計画は、次のように2年間作成していきます。

◘ 損益計画

（単位:万円）

項目		1年目	2年目	計算根拠	
売上高				1年目	
売上原価					
売上総利益					
一般管理費等	人件費				
	家賃				
	諸経費			2年目	
	…				
	…				
	…				
営業利益					

第7章

起業の進捗管理ってなに？

1 月別実施計画

▶起業に関わる内容を 月別に計画と実績で管理する

1. 月別実施計画の管理

　ここでは、起業に関わる申請などの諸手続き、売上や仕入に関わる業務内容の実施、採用等の人事管理、経理処理などについての実施計画とその実績について月別に管理していきます。

　ここでは、会社の日常業務が予定通り進むことを目的としています。こうしたことが遅れることは、最終的には、売上に影響したり利益に影響したりします。起業の際は、一度にいろいろな処理が必要になりますが、当初は人数もいないため、なかなか予定通りいきません。こうしたことを防止するために管理表を作成します。

2. 月別実施計画

　月別実施計画は、次の通りです。

◼ 月別実施計画

実施内容	区分	○月	○月	○月	○月	○月	○月	○月	○月	○月	○月	○月	○月
	計画												
	実績												
	計画												
	実績												
	計画												
	実績												
	計画												
	実績												

2 月別目標利益計画

▶ **1年間の月別の損益管理を行い、
計画通りいっているかを計数管理する。**

1. 月別目標利益計画の管理

　2年間の損益計画を基に、初年度目標利益計画を作成します。これは、毎月、目標利益計画が実際に予定通り推移しているのかを見るために作成します。項目は、損益計画に準じた損益項目で月別に計画し、毎月実績を記入できるようにします。

　月別目標利益計画の作成は、年度単位の目標利益計画を12等分し、月次単位に割り振ります。ただし、季節変動の大きい会社については、過去の季節変動の実績を分析し作成する工夫が必要です。

2. 月別目標利益計画

　月別目標利益計画は、次の通りです。

◻ **月別目標利益計画**

(単位：万円)

項目	区分	○月	○月	○月	○月	○月	○月	○月	○月	○月	○月	○月	○月	合計
売上高	計画													
	実績													
売上原価	計画													
	実績													
売上総利益	計画													
	実績													
一般管理費等	計画													
	実績													
営業利益	計画													
	実績													

3.　月別目標利益計画達成のための活動計画

　月別の目標利益計画を達成するためには、ビジネスモデルを基にした活動が重要となります。毎月の目標利益計画に対応した活動計画を作成し、活動計画が計画通り進んでいるか毎月検証していきましょう。

　なお、月別目標利益計画の実績が計画の計数を下回る場合には、活動計画の実施内容の検証を行い、対策を講じるようにしていきます。

　活動計画については、後述の経営計画で記載しました行動計画やPDCA 方式の行動計画管理表を参考にして活用してください。

◆ 経営目標の計数を基に損益計画、目標利益計画を作成

第8章

良い起業計画ってなに？

1 良い起業計画の事例

▶良い起業計画は、動機・アイデアが明確で経営ビジョンから計数管理までしっかり記載している

　Ａ４用紙１枚で作成した起業計画の良い事例を説明します。

　この起業計画は、空港専用の駐車場への進出事例です。起業計画に沿って説明していきます。

1. 企業

　ここでは、企業の概要を説明しています。事業内容は、簡潔に記載されております。

2. 動機・アイデア

　動機としては、空港利用者の駐車場が不足している点に焦点をあてている。そして、アイデアとしては、自分の遊休地となっている土地の活用としている点は自分の問題とお客様のニーズがマッチしています。

3. 経営者の資源

　起業主は、旅行代理店に勤務経験があり、旅行者との橋渡しに旅行代理店のネットワークを利用できます。

　また、大型免許は送迎バスに利用できます。

4．経営ビジョン・経営目標

　経営ビジョンは、地域ナンバーワンと明確です。また、経営目標も利益目標をきちんと明示しています。

5．取扱内容

　空港利用者の車の保管並びに送迎として、サービス内容が明確になっています。

6．販売ターゲット・市場規模

　ターゲットは旅行者と空港勤務者で、その市場規模は年々増加傾向あります。

7．販売戦略

　販売戦略は、当社ホームページからの WEB 予約と電話予約です。また、旅行代理店、航空会社との業務提携による紹介予約があり、安定した予約が期待できます。

8．セールスポイント

　優位性としては、高価な車の厳正な保管力は信頼性となり、一方、接客接遇力は、お客様のおもてなしにつながります。
　また、特別なサービスとして、お帰りの際に空港まで車をお持ちするサービスがあり、お客様の便利性を高めます。
　そのほか、高度な洗車や旅行保険やお土産サービスなどお客様にとって便利なサービスの提供もしています。

9．外部環境

　外部環境は、しっかり記載しておりますが、この仕事は、旅行関連に影響されます。このため、航空機のテロ、世界的な流行を伴う病気、世界の紛争に影響を受けやすい留意点があります。

10．内部環境

内部環境も当社の強み弱みがきちんと記載されています。

11．競合環境

　競合とその内容は調査済みであり、それを踏まえて当社の特徴を出しています。

12．経営方針

当社の取り組むべき人、物、金、情報が明記されています。

13．取引先

主な取引先は、旅行者、空港勤務者と明確になっています。

14．資金計画

当初立ち上げに伴う設備資金と運転資金が明確になっています。

15.　損益計画

　1年目と2年目の損益の概算計画が明示されており、目指す計数が明確になっています。

16.　月別実施計画

　開業までの主要な準備内容が記載されていますので、その計画に合わせて開業をスムーズに進めていくことができます。仮に予定通りいかない場合も毎月チェックする仕組みとなっています。

17.　月別目標利益計画(開業年度)

　1年目の月別目標利益計画の計画が季節要因を加味して記載しておりますので毎月、計画と実績を比較して進めていくことができます。

起業計画書

【計画期間：令和○○年度】

【企業内容】

1．企業

代表者	○○○○
企業名	株式会社○○パーキング
所在地	○○ ○○○
設立	○○年○月○日
資本金	1,000万円
事業内容	・空港利用客の車を駐車場で預り、空港まで専用バスで送り、お戻り時に空港に専用バスで迎え、預った車を駐車場で返却するサービス

【起業の目的】

2．動機・アイデア

動機	・国内、海外ともに旅行客が増加する中で、空港内の専用駐車場では容量に限界があり、お客様の車の預かりが十分に対応できない。
アイデア	・現在、空港周辺に自分の所有する土地や他の所有の土地の空き地があるため、民間の旅行等の専用駐車場として活用する。

3．経営者の資源

経歴	・○○学校を卒業 ・旅行代理店に勤務
資格	・自動車の大型免許取得
特許	・なし

【起業の将来】

4．経営ビジョン・経営目標

経営ビジョン	・地域の空港専用駐車場でナンバーワン
経営目標	・3年後営業利益1,000万円

【ビジネスモデル】

5．取扱内容 ➡ 何を

・国内・海外旅行者、空港勤務の車を預かり、空港まで専用バスで送る。そして、旅行お戻り時、空港勤務終了時に空港まで迎え、駐車場に戻り車を返却する。

6．販売ターゲット・市場規模 ➡ 誰に

販売ターゲット	・車での旅行者、空港勤務者。
市場規模	・旅行は、年々増加傾向にあり、売上が期待できる。 ・旅行データからすると○○○円の市場になる。

7．販売戦略 ➡ どのように販売するか

・ホームページによるWEB予約、電話予約。
・大手旅行代理店、航空会社と駐車場業務提携による紹介。

8．セールスポイント ➡ 課題解決や優位性はあるか

・車の厳正な保管、迅速な送迎、丁寧な接客接遇で差別化を図る。
・帰りの際に直接車を空港に配送するサービスの提供。
・高度な洗車サービス、旅行保険、海外土産品などの付随サービスの提供。

【環境】

9．外部環境

政治環境	（機会）：入出国の緩和により、旅行が増加する （脅威）：海外等の国の紛争や疫病の影響を受け
経済環境	（機会）：低金利で推移している。 （脅威）：物の価格が上昇しており、旅行代金が
社会環境	（機会）：安価な航空会社が増えている。 （脅威）：労働人口が減少しているので、採用が
市場環境	（機会）：旅行機運が上昇しており旅行客は増加 （脅威）：飛行機だけでなく、鉄道線等の競合が
その他環境	（機会）：ビジネス客などはリピート客となり安 （脅威）：駐車場は参入障壁が低いので、競争が

10．内部環境

強　み	・旅行代理店との強いネットワークがある。 ・受付・保管業務はシステム管理しており迅速
弱　み	・アルバイト社員中心なので、人繰りが難し ・駐車料金の価格帯が高い。

11．競合環境

競合先	・当社と同じ地域には、有力○○社が○件
競合対応	・高い接客接遇力と厳正な車保管体制を特 ・洗車、旅行保険等の幅広いサービスを提

【経営方針と取引先】

12．経営方針

人	・接客接遇や事務的処理についての人材育成
物	・専用洗車等を充実していく。
金	・資金調達を強化し、駐車場を順次拡大をす
情　報	・顧客管理の生産性向上をしていく。

13．取引先

販売先	・車での旅行者、空港勤務者
仕入先	・㈱○○洗車会社、○○商会㈱（消耗品等）
外注先	・㈱○○自動車整備会社

【進捗管理】

16．月別実施計画

実施内容	区分	7月	8月	9月	10月	11月	12月	1月
開業設立	計画				➡			
	実績							
事務所工事	計画			➡				
	実績							
事務機器の取得と配備	計画				➡			
	実績							
システム導入	計画				➡			
	実績							
事務処理準備	計画							
	実績							
駐車場の整備	計画							
	実績							
人事労務処理	計画							
	実績							
財務管理	計画							
	実績							

（注）計画・実績は➡で表示

令和○○年○○月○○日作成

【計数計画】

14．資金計画
（単位：万円）

必要な資金		金額	調達の方法	金額
設備資金	・洗車機 ・簡易事務所設置等	500 1,000	自己資金	1,100
			親、兄弟、友人等	
			金融機関 ○○金融機関 （元金 月○万円×○回 年利○.○％）	2,000
運転資金	・管理費 ・地代 ・リース料 ・諸経費	700 500 200 200		
合　　計		3,100	合　　計	3,100

15．損益計画
（単位：万円）

項　目		1年目	2年目	計算根拠
売　上　高		4,800	6,750	1年目
売　上　原　価		0	0	・売上高…4,800万円
売　上　総　利　益		0	0	平　月…300台×5,000円×6ヵ月=9,000,000円
一般管理費等	管理費	1,920	2,700	繁忙月…600台×5,000円×3ヵ月=9,000,000円 　夏　季…2,000台×5,000円×3ヵ月=30,000,000円
	地代	1,440	2,025	
	リース料	480	675	・諸経費…4,320万円
	○○経費	480	675	
				2年目
				・売上高…6,750万円
				平　月…400台×5,000円×6ヵ月=12,000,000円
				繁忙月…700台×5,000円×3ヵ月=10,500,000円
				夏　季…3,000台×5,000円×3ヵ月=45,000,000円
営　業　利　益		480	675	・諸経費…6,075万円

17．月別目標利益計画（開業年度）
（単位：万円）

項目	区分	1月	2月	3月	4月	5月	6月	7月	8月	9月	10月	11月	12月	合計
売上高	計画	150	150	300	150	150	150	1,000	1,000	1,000	150	300	300	4,800
	実績													
売上原価	計画	0	0	0	0	0	0	0	0	0	0	0	0	0
	実績													
売上総利益	計画	150	150	300	150	150	150	1,000	1,000	1,000	150	300	300	4,800
	実績													
一般管理費等	計画	135	135	270	135	135	135	900	900	900	135	270	270	4,320
	実績													
営業利益	計画	15	15	30	15	15	15	100	100	100	15	30	30	480
	実績													

18．○○年度の総括（成果と反省）

第9章

起業計画の
チェックポイント

1 起業計画の検証をする

▶起業計画は、作成後に問題がないか見直しし、問題があれば修正していくことになる

起業計画を作成した後も、何度も問題がないか、漏れがないかを検討し、後で問題が発生しないようにします。このため、起業計画は作成後、次のようなことをチェックしてください。

1. 企業

ここでは、事業として何を行っているのが明確にわかるようにしていきます。

2. 動機・アイデア

動機となったことについて、その後状況が変化していないかを検証しましょう。また、アイデアについては、すでに同じようなものがないか十分検証しましょう。

3. 経営者の資源

経営者の経歴は、起業に影響しますので、しっかり記載しましょう。また、資格は、本当に起業に利用できるのか、また特許を保有している場合、それは起業で利用できる場合に障害はないのかを検証しましょう。資格や特許が起業に対応できない場合は、その代替を考える必要があります。

4.　経営ビジョン・経営目標

　経営ビジョンはわかりやすいものになっているか、その到達目標は明確か検証してください。

　また、経営目標には、成果を計測できる計数が入っているか見てください。

5.　取扱内容

　どのような事業なのかわかりやすく説明できているか見てください。

　抽象的な内容では、金融機関などは理解できません。

6.　販売ターゲット・市場規模

　誰に販売するのか明確になっていることが大事です。また、市場性がなければ事業としては成り立ちません。そうした点を十分調査してください。

7.　販売戦略

　どのように販売していくか、その方法が適切でないと顧客に販売していくものが届きません。商品やサービスに適した販売方法を十分に検討し選択していく必要があります。

8.　セールスポイント

　セールスポイントは、起業計画の重要な項目です。顧客の課題解決に本当につながっているのか、また、事業として優位性があるのかを

確認してください。

9.　外部環境

　会社を取り巻く外部環境として、機会、脅威の分析がきちんとできているようにしてください。

10.　内部環境

　会社の持っている強みと弱みの認識をきちんとしていることが大事です。強みは売上の促進につながりますし、弱みは売上を阻害する要因になりますのでよく理解しておく必要があります。

11.　競合環境

　競合先としてどのような企業があるのかを明確にしていきます。また、競合先がある場合には、その対策を考えていきます。

12.　経営方針

　経営目標を達成するために人、物、金、情報の取り組みを十分に考える必要があります。ここを充実させることが目標達成に近づきます。

13.　取引先

　販売先、仕入先、外注先の確保と取引条件を明確することが大事です。契約などが曖昧だと、トラブルの元になります。

14. 資金計画

資金不足にならないようにすることです。起業に必要となると当面の資金については、十分に確保してください。

15. 損益計画

売上、経費については、根拠を明確にして作成してください。特に売上については、市場調査などをきちんとしていないと予定の売上が上がらず赤字になりますので注意してください。

16. 月別実施計画

起業に向けての個別のスケジュールがありますので、スケジュール管理をきちんとして手配等で遅れないようにしてください。スケジュールが遅れると費用が加算したり、関係先の信用にも影響します。

17. 月別目標利益計画(開業年度)

損益計画に基づいて、月別に作成してください。季節要因があれば考慮してください。

第10章

起業後の重要な
10の仕組み作り

1 営業日報の仕組み

▶営業日報は営業担当者の日々の行動管理と
目標計数の進捗管理を行うものである

1. 営業日報の基本

　営業日報は、営業活動を日々記載するものです。

　この営業日報により、各営業担当はそれぞれ営業活動終了後に、訪問先、目的、商談内容、月や日々の目標に対する成果などを記載していきます。そして、記載が完了したら上司に提出して営業指導を受けます。

2. 営業日報の構成

　営業日報の基本的な構成は、次のようになります。

　会社によってスタイルはいろいろありますが、共通しているものをあげます。営業日報にはその日に訪問した時間、訪問した結果の商談内容を記載します。商談内容には、訪問先、訪問相手、訪問目的、商談状況、商談結果を記載します。

　商談内容は、重要で商談内容に要点がしっかり書いてないと上司も具体的な指示ができないので注意が必要です。

　また、計数については、今月の目標、今月の実績、本日の実績を記載します。さらに、その日の問題点と対策を記載します。上司に提出して上司の指導コメントをもらいます。

◆ 営業日報(例)

担当者　山田　太郎　　　　　　　　　　　　年○月○日○曜日

時間	訪問先	訪問相手	訪問目的	商談状況	商談結果
10:00	○商事	山崎部長	新製品の案内	製品の案内とセールス	4月から400セット納入決定。
11:00	○興業	長谷課長	新規先の訪問	利用料金の交渉	製品を理解した。

今月の目標	今月の実績累計	問題点と対策	上司指示

3. 営業日報の使い方

　営業日報は、営業担当者が1日の活動を振り返り、その成果と問題点と対策を報告するものです。

　この営業日報により、上司は営業担当者全員のその日の行動を把握します。そして、目標達成に向けて改善すべき点をタイムリーに行います。また、営業日報を書く場合にその日の営業面で良かったことや悪かったことをふり返させることにより、翌日以降の営業の見直しに役立ちます。

4. 営業日報のメリット

　営業日報には、次のようなメリットがあります。

　第1は、日常の営業活動を詳細に把握することができますので、上司が営業のやり方などにムダがないか検証できます。第2は、商談状況があるため、上司の支援が必要な時などは、上司としてタイムリー

に同行訪問をしてフォローできます。第3は、営業担当者のその日の
目標の達成度がわかりますので、当日の目標を下回っている場合には、
その対策を一緒に検討することができます。

2 顧客台帳の仕組み

▶顧客台帳は、取引先の全容を把握するとともに、
取引先と取引方針や与信方針も立てるもの

1. 顧客台帳の基本

　顧客台帳は、取引先情報を作成し管理していくものです。顧客台帳には、取引先の売上規模や社員数などの基礎情報、取引先評価情報、取組方針、訪問記録などを記載しています。

　この顧客台帳で、取引先の内容がわかるとともに取引先と当社との取引内容がすべてわかります。

2. 顧客台帳の構成

　顧客台帳では、取引先情報として、売上高、販売先、仕入先などの企業の業務の取組内容を記載します。次に、取引先評価として、品質、コスト、納期、財務力などの取引先の業務力並びに財務力の評価を記載します。さらに、訪問交渉記録として、取引先企業とどのように取引していくかの取組方針を決め、その方針に従って訪問計画を立てて、訪問計画の基に訪問した状況を記載していきます。

　顧客台帳の基本的な内容は、次のようになります。

　取引先の状況により、必要な情報は適宜追加するようになります。

(1) **取引先情報**
　① 社名、住所、代表者、所管部署、設立、業務内容
　② 売上、社員数、主要販売先、主要仕入先、取引銀行
　③ 支払条件

(2)　取引先評価

①　定性条件

品質、コスト、納期、資産力、経営者能力、販売力、仕入力、技術力、開発力

②　定量条件

収益性、安全性、成長性（決算書より分析）

(3)　訪問交渉記録

①　取組方針

②　訪問計画

③　訪問実績…訪問日、面談者、面談結果、次回対策、上司意見

上記の内容を台帳として作成した場合は次のようになります。

◇ 顧客台帳(例)

<表>

取引先情報		取引先評価	
社名	㈱○○工業	品質	品質の○○段階の○レベル
住所	○○市○○5-10	コスト	低コストを武器している
代表者	代表取締役 野中一郎	納期	定められた納期による
所管部署	購買部	資産力	自社社屋と工場は自社所有
設立年月	昭和20年5月	経営者能力	リーダーシップ力がある
業務内容	機械部品の販売	販売力	全国シェア20%を持つ
売上高	100億円	仕入力	安定した仕入れを持つ
社員数	100名	技術力	○○では、業界ナンバーワンの技術を持つ
主要取引先	○○物産他5社	開発力	自社に開発部門を持つ
主要仕入先	△△工業他5社	収益性	業界平均以上
取引銀行	東洋銀行	安全性	業界平均以上
支払条件	3ヵ月の支払手形	成長性	飽和状態になりつつあり

訪問交渉記録 <裏>

取組方針	3月中に新製品の取引を契約する。			
訪問計画	毎週1回は訪問する。			
訪問日	面談者	面談結果	次回対策	上司意見
3月22日	宮田部長	当社の製品に理解を示す。	継続して説明する。	相手の要望をよく聞くこと。
3月29日	宮田部長	納入の方法で話が進む。	契約に結び付ける。	契約条件を詰めること。

3. 顧客台帳の使い方

　営業面では、取引先の会社の状況がわかりますので、そうした情報を基に、製品などの取引内容を打ち合わせしていくことができます。また、営業上の製品取引などでは、一般的に与信を設定します。こうした時に、過去の取引量や財務力面を基に評価していきます。さらに、毎年度、取引方針を決め、その方針の基に訪問していきますが、商談状況を把握して、取引の強化を図っていきます。

4. 顧客台帳のメリット

　顧客台帳には、次のようなメリットがあります。

　第1に、取引先の全容がわかりますので、取引方針を容易に設定できます。

　第2に、取引先の業務力や財務力がわかるため与信管理に利用できます。

　第3に、取引先との時系列の交渉経緯がわかるため、自社の営業担当や上司が変更になっても今までの経緯がきちんと把握できスムーズな引き継ぎができます。

3 顧客攻略リストの仕組み

▶契約獲得に取組んでいる主要取引先について、毎月契約状況の進捗を管理していくもの

1. 顧客攻略リストの基本

　顧客攻略リストは、会社として、各営業担当者が営業として取組んでいる先の契約に向けての進捗状況を一元管理するための表です。

2. 顧客攻略リストの構成

　顧客攻略リストの基本的な内容は、次のようになります。

(1) **担当者**…………営業担当者名

(2) **取引先**…………営業先名

(3) **取組方針**………どのように営業していくか

(4) **訪問条件**………月に何回訪問するのか

(5) **取引経緯**………営業するに至った経緯

(6) **取引金額**………どの程度の取引をしていくか

(7) **先方担当者**……営業先の責任者

⑻　**直近交渉日**……直近ではいつ訪問したか

⑼　**交渉状況**………現在営業してどの程度進んでいるのか

⑽　**課題**……………交渉していて今何が課題になっているか

⑾　**成約率**…………成約になる確率は何パーセントか

◖ 顧客攻略リスト(例)

担当者	取引先	取組方針	訪問条件	取引経緯	取引金額	先方担当者	直近交渉日	交渉状況	課題	成約率
山田一郎	○○商事	新規取引推進	週1回	エリア内新規	月500万円	渡辺課長	○年○月○日	製品説明	当社製品の優位性の理解	10%

3.　顧客攻略リストの使い方

　営業担当者は、個別案件ごとに行動していますが、会社あるいは上司が管理していく上で、全体の営業先の表がないと全体でどのように進んでいるのかが見えません。このため、この顧客攻略リストを作成することにより、取引先ごとに営業の推進状況を把握するとともに、会社全体としての目標達成度も把握します。

　具体的には、営業会議で、このリストを使って取引先の取組方針を達成するために、誰がいつどのように営業交渉しているか、その交渉結果、今どの程度契約が進んでいるかを見ていきます。

　そして、取引を成功させるために今後どう取り組んでいくかを検討します。まさに、売上の成否を決める重要な表といえます。

4.　顧客攻略リストのメリット

顧客攻略リストには、次のようなメリットがあります。

第1に、すべて個別案件について取組方針の基にどの程度まで営業が進んでいるが進捗状況が一目でわかります。

第2に、営業推進上で問題点がある場合は、経営者や営業責任者を交えて対策を講じていけます。

第3に営業案件に対して、経営者や営業責任者など関連する者がすべて情報共有して、一丸となって推進していくことができます。

4　作業手順書の仕組み

▶**作業手順書により作業の標準化を進め、効率的に仕事、品質の向上、部下の指導、技能伝承をする**

1.　作業手順書の基本

　この作業手順書は、各部署で作業する工程を時系列にまとめたものです。そして、当該工程でのポイントや必要な業務知識を記載します。

2.　作業手順書の構成

　作業手順書には、決まった形式はありません。しかし、ポイントになる点はありますので、そうしたことを組み込んで作成します。

(1)　作業手順書の基本的な構成

◪ 作業手順書(例)

○○課	○○職場	作業人員	1名	作成日	○年○月○日
				改定日	○年○月○日
作業名	配送車の洗車・清掃手順書				
作業範囲	配送車の洗車・清掃				
機械	洗車機、掃除機		道具類	ブラシ	
資格・免許	自動車普通免許		保護具	専用手袋	
NO	作業手順		ポイント		必要な業務知識
1	配送車の鍵を保管庫から持ってくる。		鍵の紛失に注意		
2	配送車を保管場所から洗車場に移動する。				洗車手順書を準備

⑵　**作成上の留意点**

①　作業手順書は、法律に違反しない内容であることが大切です。職場の安全衛生基準などに照らし合わせて問題がないか検証していきます。

②　作業手順書は単独で作るのではなく、自社の技術基準や設備管理基準などを参照して作ります。

③　作業手順書は、生産用と安全用に分けて作成している場合がありますが別々に見るのは煩わしいので一本にすることが望ましいです。

3.　作業手順書の使い方

　作業手順書は、作業の標準化を進めていきます。人により作業方法が異なる場合がありますが、そうした方法を統一して、効率的な仕事を目指します。一方、作業手順書を基に品質改善や作業上の事故を防止していきます。

　また、新人が作業を覚える時や新たに作業を修得する時は、マニュアルとして活用します。さらには、熟練者の技能を手順書という形で見える化して残していきます。

4.　作業手順書のメリット

　作業手順書には、次のようなメリットがあります。

　第1に、作業ミスが減少します。顕在化した手順書があることにより、常に手順書により作業することにより、作業ミスはなくなります。

　第2に、作業手順書を基に品質が改善します。

　第3に、災害防止になります。過去の事故事例などを組み込むことにより、同じような事故を防止できます。

　第4に、教育が迅速化します。作業手順書があるため、それをテキ

ストに新入社員や後輩に正確に指導することができます。

第５に、技能伝承ができます。熟練した技術者が退職しても、技能伝承ツールとして作業手順書があるために、技能を継承して作業に支障をきたしません。

第６に生産性が向上します。最も適切な手順をまとめていますので、ムダ、ムラ、ムリのない作業にしていくことができます。

◇ 作業手順書のメリット

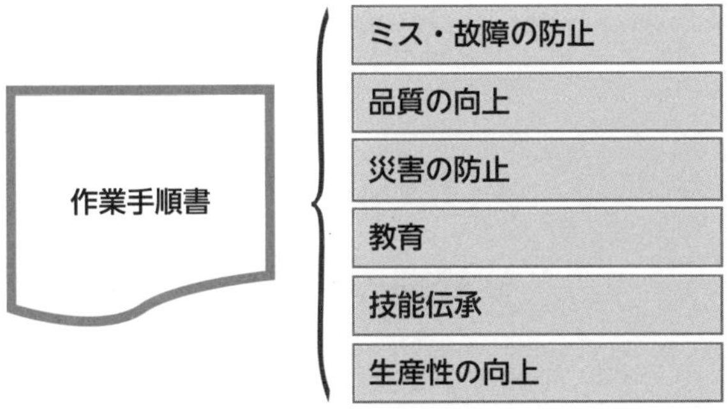

5 外注管理の仕組み

> ▶外注は、もう1つの製造部となり、その活用次第で、
> 企業の生産能力や収益を増大させることが可能

1. 外注管理の基本

　外注とは、全部または一部の作業を外部に委託するものです。その場合に内外作の検討、選定、価格決定、納期管理、品質管理といった手順を踏んで管理していきます。

2. 外注管理の手順

外注管理では次の手順で進めていきます。

(1) **内外作の区分を設定**
　　社内でやるかそれとも外注でやるかは重要な問題で、製品の品質、コスト、納期等に影響します。このため、社内製作か外注かは一定の基準を設けて決めることか大切です。
　　社内製作の基準としては、次のような基準となります。
① 自社に生産能力がある
② 技術を自社で保有したい
③ 自社生産がコスト上有利　等
　一方、外注の決定基準としては、次のような基準となります。
① 社内の生産能力を超える受注がある
② 技術的に社内ではできない
③ 外注のほうがコストが安い　等

⑵　外注先の選定

　　従来からのつながりで外注先が固定化している場合が多くみられ
ますが、外注先の経営内容や能力は変わるものであり、常に外注先
を「選定」するという意識が必要です。

　　そのためには、外注先管理カードや評価表を作成します。

◨ 外注先管理カード(例)

〇年〇月〇日現在

企業名	〇〇会社	設立年月	1974年10月
代表者名	〇〇太郎	所在地	東京都渋谷区
資本金	1,000万円	電話番号	(03)△△-××
社員数	50名	業種	部品製造
経営状況	社長交代後、業績はやや減少傾向にある		
主要業務	部品製造販売	主要設備	〇〇機械
取引条件	手形3カ月		
取引銀行	〇銀行〇支店	担当者	××
取引経緯	1985年に取引開始。当社製品の10%外注		
特記事項			

⑶　外注価格の評価

　　外注内容に応じ、選定した数社より見積りを取り、内容の検討を
行います。見積りは、通常外注先から材料費、労務費、経費などを
集計したものが提出されます。これをみて、内容の正確性、妥当性、
さらには安いのか、高いのかを評価していきます。ここで、重要な
ことは、自社のモノサシ(価格見積技術)で評価することです。こ
のモノサシがなければ、見積金額が安いのか高いのか評価できない
ことになります。

⑷　納期管理の徹底

　　外注は、自社工場ではないため内容が見えにくい。このため、自
社工場と同様に「生産管理」を徹底していく必要があります。納

期遅れが発生すると後の段取りに狂いが生じ全体に影響します。納期管理では、外注先の生産の計画と実績をチェックしていきます。そして、生産の計画と実績に差異がある場合は、原因を究明し計画通りに進めるにはどうしたら良いかを検討し、その対策を講じていきます。

⑸　**厳正な品質管理**

　品質管理は、非常に大切なことであり、不良品が発生すると企業の将来にも影響します。品質トラブルの原因は、仕様書を受け取った外注先が品質の内容を十分理解できない場合や外注先の品質管理体制の不備が多くなります。このため、外注先との定例工程会議を通じて、工程ごとに仕様の確認を行ったり、品質管理のチェックシート等を作成したりして活用します。また外注先の品質管理体制に問題がある場合には、外注先に対して品質管理教育を実施します。

3.　外注管理で収益向上を図る

　製造コストや工事コストを削減するためには、外注管理の中で次のことを考える必要があります。

　第1に、外注のコストダウンを常に考えます。外注は、製造原価そのものであり、この原価を下げれば利益が上がります。このため、外注のコストダウンの方法を積極的に検討していくことが大切です。コストダウンの方法としては、QC（Quality　Control: 品質管理）や VE（Value Engineering：価値工学）等を活用していくと良いです。

　第2に、外注先の指導・育成をします。具体的には、生産方法改善等の技術面の指導や納期管理・品質管理の管理レベルを向上させるための指導を実施します。こうした指導を行っていくことが外注先のレベルアップにつながっていきます。

　第3に、外注先の新規開拓をします。それは、生産能力のアップや

業務内容を広げていくためでなく、外注先を見直し、より優良な外注先を見つけ出していくためでもあります。企業は、外注管理の巧拙により、利益を伸ばしたり、利益を失ったりします。外注を利用している企業にとって、徹底した外注管理こそ収益増の決めてであると思います。

4. 外注管理のメリット

　外注管理には、次のようなメリットがあります。

　第1に、外注先の依存内容を明確にすることで、過度の依存がなくなります。

　第2に、外注先の評価を行うことで、外注先の力量をきちんと把握できます。

　第3に、外注先の価格を把握できるために適正な外注費で取引できます。

　第4に、外注先の生産・施工計画を把握できるため、納期遅れがなくなります。

　第5に、外注先の品質管理を行うので、外注先の品質トラブルがなくなります。

6 購入管理の仕組み

▶仕事で使用する材料等の購入管理の良し悪しは、会社の利益を大きく左右する

1. 購入管理の基本

材料等を購入する場合に、購入先の選定、購入価格の決め方、納期管理、品質管理、在庫管理といったことを会社として管理していくことをいいます。

2. 購入管理の手順

購入管理では次の手順で進めていきます。

⑴ **購入基準を作成**

見積りの取り方、発注協議などの購入基準を作成し、その基準に基づき社内で購入手続きを行います。

⑵ **購入方法を決定**

購入物について、コストを勘案して本部一括発注システムか、部署単位の発注かを決定します。

本部一括発注の導入の採用基準の例としては、次のようになります。

個人あるいは部署の裁量ですべて購入していると、余分な材料等を購入して全体として余分な在庫を持つことが増えます。また、購入先との個人的なつながりなどで高い材料等を購入したりすることも発生します。この結果、不良在庫が増えたり、材料費が上がったりします。そこで、量があるものあるいは高額な材料等は一括集中

購入部門を設け、そこで、発注処理と在庫管理を行うようにします。

(3) 購入先の選定

　購入先の経営内容等を記載した購入先管理カードや購入先評価表で選定します。なお、購入先管理カードは、外注管理カードを参考にしてください。

■ **購入先評価表（例）**

項　目	項　　　　　目	評　点
会　　社	(1) 社内の統率がとれているか。	
	(2) 社内の連絡、伝達事項、対応に不快感は無いか。	
	(3) 整理整頓、清掃は充分にできているか。	
技　　術	(1) 品質保証する事ができる機材を所有しているか。	
	(2) 機械または設備を使いこなす技術者はいるか。	
	(3) 自社の開発等の特許製品はあるか	
	(4) 技術資料の提出は十分か。	
品　　質	(1) 品質第一の考えが末端まで徹底しているか。	
	(2) 不良品再発防止のシステムができているか。	
	(3) 測定器の精度を定期点検しているか。	
	(4) 生産ラインは整備、確立されているか。	
納期運搬	(1) 受注品の納期は予測できるか。	
	(2) 納期遅れを挽回するシステムができているか。	
	(3) 製品の運搬体系はとれているか。	
資　　金	(1) 資金繰りはうまくいっているか。	
	(2) 財務内容は良いか。	

(4) 納入管理

　購入先の生産の計画と実績をチェックし、納期管理を徹底します。

(5) 購入先の品質体制を管理

　購入先の品質体制に問題がないかを監査します。不良品が発生す

ると取引先のクレームとなります。取引先の資材管理の状況等を定期的に監査することが必要です。

(6)　**在庫管理の徹底**

材料等の購入時や購入後の在庫の管理を徹底します。

在庫管理の仕方には、次のような方法があります。材料等を購入すると、在庫を持つことになります。しかし、在庫は持ち過ぎると資金効率が悪くなります。また、使用しない在庫になると不良在庫となります。このため、在庫管理により、適正在庫基準の設定、材料等の調達期間の短縮、保管管理の厳正化を行い、陳腐化を防止するようにします。

3.　購入管理のメリット

購入管理には、次のようなメリットがあります。

第1に、購入先を分散し過度に依存しなくなります。

第2に、本部一括購入などで、購入コストを削減できます。

第3に、購入先の評価を行うことで、購入先の力量をきちんと把握できます。

第4に、購入先の生産価格を把握できるために納期管理ができます。

第5に、購入先の生産計画も把握できるため、納期遅れがなくなります。

第6に、購入先の品質管理も行うので、品質トラブルがなくなります。

第7に、適正在庫管理ができ資金の効率化と在庫の陳腐化が防止できます。

7 賃金体系の仕組み

▶働き方に応じてきちんと賃金を支払う仕組みは社員のやる気を育てる

1. 賃金体系の基本

　賃金は、社員一人ひとりに支払われる働きに対する対価です。その賃金の構成には、基本給と諸手当がありますが、基本給は賃金の中で構成割合が高く、最も重要な部分を占めています。このため、基本給については、会社業務に対応した算定方法にすることが大切になります。

2. 賃金体系の構成

(1)　**賃金の構成**

　賃金は、大きく分けて「基本給」と「手当」で構成されます。

　基本給は、名前の通り賃金の基本的な部分であって、一般的には、年齢、勤続年数、能力、仕事内容などを考慮して支給されます。一方、手当は、特定の条件に合致した社員に対して支給される賃金です。役職手当、家族手当、通勤手当などがあります。

(2)　**基本給の構成**

　一般的に、年齢給、勤続給、職務給、職能給などがあります。

　①　**年齢給**

　年齢給は、年齢ごとに必要と思われる最低生活費を保障するために、年齢によって賃金に格差を設けるもの。

　②　**勤続給**

　勤続給は、勤続年数の長さを会社への貢献度として賃金に反映するものです。

③　職務給

　職務給は、仕事の難易度・責任の度合いなどにより賃金を決める方法です。

④　職能給

　職能給は、社員の職務遂行能力のレベルに対応して賃金を決定するものです。能力度合いを「職能等級基準」として定め、これに基づき各人の等級を決定します。職能給が、「人間基準」の賃金であるのに対し、職務給は「仕事基準」の賃金といわれ、今、何の仕事を行っているかということで賃金が決まります。

3.　賃金体系構築の進め方

　賃金の算定方法や構成を見ることを賃金体系といいます。ここでは、賃金の中で、大きな金額を占めます基本給の賃金体系のあり方を説明します。

⑴　基本給の決め方

　基本給の算定方法を何に求めるのかということは、会社は社員に対し、何をもって処遇するのかという極めて重要なことになります。従って、それぞれの特色、問題点を理解し、自社の固有の事情や経営方針をふまえ、十分検討を重ねた上で決定する必要があります。これからの賃金を考えると、やはり本人の年齢や勤続年数といったものではなく、本人の能力によって決定される職能給や担当する仕事によって決定される職務給が基本となります。

　また、中小企業では、職務給では、職務評価に手間がかかり、新たな仕事が増えたり、仕事の内容が変わったりした場合、メンテナンスが大変になります。また、1人の社員がいろいろな仕事を掛け持ちしており

ます。こうした現状では、職務給よりも職能給が適しています。ここでは、中小企業で導入されている職能給について解説していきます。

⑵　**職能給の導入について**

①　**職能給の基本的な考え方**

　職能給は、本人の能力により賃金が決まり、明確な基準が示されることから、労働意欲の向上や優秀な人材に対する適正処遇といった面から非常にすぐれたシステムです。

　特に、賃金体系を初めて構築する会社（総合決定給から移行する会社）、社員に１つの職務だけではなく様々な仕事をさせるような会社では、職能給の導入が適しています。

②　**職能給の仕組み**

　職能給では、職能等級基準と職能給表と昇給表を作成します。社員は、職能給の導入時に職務能力に基づき、職能等級基準に基づいて等級が決定されます。次に、同じ等級の中でも、社員ごとに能力号数が決められ、職能給が決定されます。

　そして、毎年、人事考課を行い、社員の職務遂行能力の向上度合いについて、「昇給表」に従って昇給額が決定され、新たな年度の等級・号数が決まります。

③　**職能等級基準の作成**

　等級別に職能等級基準を設定します。

④　**職能給表の作成**

　等級と号俸別の職能給表を作成します。各社員の等級が決定されると、さらに同じ等級の中でも、社員ごとに号数が決められ、職能給が決定されます。

⑤　**昇給**

　毎年、人事考課を行い、社員の職務遂行能力の向上度合いについて、一般的には５段階のランク（Ｓ〜Ｄ）に分け、これを基に「昇給表」に従って昇給額が決定され、新たな年度の等級・号数が決まります。

▶ 職能等級基準（例）

等級		業務の遂行能力	業務知識
管理職	7級	高度な専門的知識と実務の経験により、的確な判断力、企画力、折衝力など相当複雑な業務を遂行できる能力を持つ	業態の動向、専門知識、経営管理知識がある
管理職	6級	担当業務について、専門知識と実務経験に基づき、下位を指導し業務を遂行する能力を持つ	担当業務について専門的な知識がある
監督職	5級	上司より一般的な指示を受けるが担当業務について、専門知識と実務経験で下位を指導し業務を遂行する能力を持つ	高度な実務知識と関連業務の知識がある
監督職	4級	業務処理について、上司指導の基に定形外の業務を遂行でき、下位を指導できる能力を持つ	担当業務に高度な実務知識がある
一般職	3級	業務処理について、上司から直接指導を受けて、定められた手続きに従って、複雑な定形業務を遂行できる能力を持つ	担当業務に実務知識がある

▶ 職能給表（例）　　　　　　　　（単位:円）

号	3級 1号当たり 700	4級 1号当たり 800	5級 1号当たり 900	
1	190,000	210,000	240,000	
2	190,700	210,800	240,900	
3	191,400	211,600	241,800	
4	192,100	212,400	242,700	
5	192,800	213,200	243,600	
6	193,500	214,000	244,500	
7	194,200	214,800	245,400	
8	194,900	215,600	246,300	
9	195,600	216,400	247,200	
10	196,300	217,200	248,100	
11	197,000	218,000	249,000	
12	197,700	218,800	249,900	
13	198,400	219,600	250,800	
14	199,100	220,400	251,700	
15	199,800	221,200	252,600	

◇ 昇給表（例）

(単位：円)

等級	1号当たり金額	ランク				
		S	A	B	C	D
7級	1,100	7,700	6,600	5,500	4,400	3,300
6級	1,000	7,000	6,000	5,000	4,000	3,000
5級	900	6,300	5,400	4,500	3,600	2,700
4級	800	5,600	4,800	4,000	3,200	2,400
3級	700	4,900	4,200	3,500	2,800	2,100
2級	650	4,550	3,900	3,250	2,600	1,950
1級	600	4,200	3,600	3,000	2,400	1,800
昇給対応号数		7号	6号	5号	4号	3号

4. 賃金体系の構築のメリット

　賃金体系の構築には、次のようなメリットがあります。

　第1は、社員を採用する際に、現在の社員の賃金水準を勘案して賃金規程の採用規定により容易に決定できます。

　第2に昇給方法も定められていますので、人事考課を基に、査定を行う社員の貢献度合いにより昇給を行うことができます。

　第3に、社員の能力をきちんと評価し、賃金表により、現在の社内における位置づけを明確にすることができます。同時に、役職と賃金もリンクさせて、役職に見合った賃金を支給していきます。

8 人事考課の仕組み

▶社員を貢献度に応じて公平に評価する仕組みで、
　毎年評価を行い、社員の育成・処遇・配置に適用

1. 人事考課の基本

　会社に対して、努力して貢献度が高い社員と努力せず貢献度が低い社員が同じ昇給だとすれば、不公平です。こうしたことをそのままにしておくと社員は仕事にまじめに取り組む意欲がなくなってきます。このため、会社では、きちんと貢献度を評価して適正な処遇をしていくことが必要です。この社員の貢献度を正しく評価する方法として人事考課を行います。

2. 人事考課の内容

(1)　**人事考課を実施するための条件**

　　人事考課の条件には、3つあります。

　　第1には、人事考課基準が作成されていることです。

　　第2には、作成した人事考課基準が社員に公開されていることです。

　　第3には、人事考課基準によって考課した結果が社員にフィードバックされていることです。

(2)　**人事考課を行う目的**

　　人事考課の目的には、次のようなものがあります。

①　会社への貢献度評価（最も重要な評価です）

　　会社に対する貢献度を適正に評価し、その結果を昇給、昇格・昇

進、賞与などに反映させます。

② **能力開発**

担当している仕事の能力を評価するとともに、さらに伸ばしてい
く役割があります。

③ **適正な配置**

評価をする中で仕事の能力や適性を判断して、最も適した職務配
置に利用します。

(3) **人事考課の評価対象**

人事考課の評価対象は、勤務時間内における業務上の仕事の上で
の発揮度を対象とします。このため、性格や潜在能力などは評価対
象としません。

(4) **人事考課の構成**

人事考課は、原則して、成績考課と執務態度考課と能力考課とい
う3つの考課により評価する構成になっています。

① **成績考課**

成績考課は、仕事の内容について質的な面と量的な面から評価し
ます。

② **執務態度考課**

執務態度考課は、仕事に取り組む行動として、規律性、協調性、
積極性、責任性などを評価します。

③ **能力考課**

能力考課は、仕事を遂行できる能力として、知能・技能、判断力、
企画力、折衝力、指導力、理解力、創意工夫などを評価します

(5) **考課の種類**

考課の種類は、賞与、昇給、昇格の3種類です。

(注)　昇格は、職能等級制度を導入している会社を基準にしています。

⑹　**考課要素のウェイト**

　各考課要素は、役職、職務、職種などによって、評価にウェイトをつけます。また、考課の種類によっても評価にウェイトをつけます。

3.　人事考課の進め方

人事考課は、次のように行います。

⑴　**考課者**

　原則として、次のような段階の評価をしていきます。１次考課者は、被考課者の直属の上司になります。２次考課者は、１次考課者の上司になります。また、１次考課者と２次考課者の考課結果に違いがある場合には、２次考課者は１次考課者の意見を聞いて原因を追究します。３次考課者は最終考課者で通常は経営者がなります。

⑵　**考課方法**

　考課方法は、原則して、あるべき姿（会社の求める水準）に対してどういう水準なのかを評価します。

　(注) 被考課者全体の順位を決めＳは全体の５％、Ａは10％というように評価割合を決める
　　　相対評価は原則として行いません。

⑶　**考課結果のフィードバック**

　面接により、考課結果を説明します。考課結果の良い者には、どこが良かったのかを説明するとともに、さらに高い目標を目指すように指導します。一方、考課結果の悪い者には、なぜ悪かったのかを説明するとともに、改善策を一緒に検討します。

⑷ 考課の実施

考課は、次により行います。

① 賞与の考課

賞与は、賞与の考課表により評価します。賞与の考課表は、成績考課と執務態度考課の考課要素の考課表を作成して評価します。

◪ 人事考課表・賞与(例)

考課要素			評定基準	1次			2次			決定
成績考課	仕事の質	1	仕事は、正確（間違いがない）であったか。	5	3	0	5	3	0	
		2	仕事の出来栄えは良かったか。	5	3	0	5	3	0	
	仕事の量	1	仕事は、無駄なくテキパキと敏速に処理していたか。	5	3	0	5	3	0	
		2	仕事が遅れて間に合わなかったことはなかったか。	5	3	0	5	3	0	
執務態度考課	規律性	1	上司の指示、命令はきちんと受け、守っていたか。	2	1	0	2	1	0	
		2	報告、連絡、相談は正確に行っていたか。	2	1	0	2	1	0	
	協調性	1	同僚の仕事を援助していたか。	2	1	0	2	1	0	
		2	同僚とトラブルを起こさなかったか。	2	1	0	2	1	0	
	積極性	1	人の嫌がる仕事を進んで行っていたか。	2	1	0	2	1	0	
		2	問題意識を持ち改善しようとしていたか。	2	1	0	2	1	0	
	責任性	1	仕事を途中で放棄する事はなかったか。	2	1	0	2	1	0	
		2	責任を回避・転嫁する事はなかったか。	2	1	0	2	1	0	

② 昇給の考課

昇給の考課は、改めて昇給として考課するのではなく、夏と冬の賞与の考課表の2回の評価を勘案して昇給評価を決定します。

(注) 昇給の場合は、考課表による考課はありません。

③　昇格の考課

昇格の考課は、昇格の考課表により評価します。

◤ 人事考課表・昇格（例）

考課要素			評定基準	1次			2次			決定
能力考課	知識・技能	1	仕事に関する基本知識を修得している。	2	1	0	2	1	0	
		2	仕事の段取りができる。	2	1	0	2	1	0	
	判断力	1	事態を正確に判断し対応できる。	2	1	0	2	1	0	
		2	自己流に陥ることがない。	2	1	0	2	1	0	
	折衝力	1	問題解決において相手と粘り強く交渉している。	2	1	0	2	1	0	
		2	話し合いで自分の考えを相手によく伝えている。	2	1	0	2	1	0	
	理解力	1	上長の指示を誤りなく理解している。	2	1	0	2	1	0	
		2	問題や状況を正しく理解している。	2	1	0	2	1	0	
	創意・工夫	1	仕事の手順や方法の改善策を提案している。	2	1	0	2	1	0	
		2	新しい方法について考案している。	2	1	0	2	1	0	

4.　人事考課のメリット

人事考課には、次のようなメリットがあります。

第1に、会社に対する貢献度を適正に評価した結果を昇給、昇格・昇進、賞与に反映させることができます。

第2に、担当している仕事の能力を評価するとともに、能力をさらに伸ばしていく役割があります。

第3に、仕事の能力や適性を判断して適した職務配置をすることができます。

9 社員教育の仕組み

▶学ぶべき仕事内容を明確にした修得段階別指導で、社員のスキルアップとマルチスキル化を目指す

1. 社員教育の基本

社員教育は、企業にとって重要な課題です。社員教育をしなければ、スキルが進歩せず常に同じことしかできません。社員教育をしていくことで、上級の仕事をしたり、ほかの仕事をしたり、他部門の仕事も可能となります。社員教育は、そうした仕事力をアップするための教育です。

2. 社員教育の進め方

社員教育としては、次のように進めていきます。

(1) **スキルマップの作成**

スキルマップは、各部門で必要なスキル（知識、技能）を選択し、現在の個人別の能力を図表にしたものです。体系的に部門に必要な能力を知ることができ、能力開発に役立ちます。

スキルマップは、次の手順で作成します。

① 各部門において、どのようなスキルが必要なのかをカードなどに書き出します。

② 仕事単位を分類し、さらに要素単位にまとめます。

③ 必要に応じ要素をさらに作業単位までまとめます。

④ 選択した要素単位ごとに仕事の難易度を設定します。

具体的な例としては、次のようにします。

A…難しい　B…普通　C…容易

⑤　選択した要素ごとに現在のスキルの評価をします。

具体的な例としては、次のようになります。

●…指導できる　◎…１人でできる　○…少しできる

△…ほとんどできない　無印…できない

◪ スキルマップ表の事例（印刷会社の例）

要素	基本ソフト	DTP基礎	プレス基礎	製版	製造の基礎	設備管理	データ管理	進行管理	見積り	デザイン	5S運動	パソコン	報・連・相	積極性	挨拶	指導力
難易度／氏名	A	A	A	A	B	A	A	A	A	A	B	B	C	C	C	A
山田太郎	○	●	△	△	△	△	○	○	○	△	△	△	○	○	○	○

⑵　**スキルアップ計画・実績表でスキルアップとマルチスキル化を促進**

スキルアップ計画・実績表で、指導を受ける者と指導者を決めて、スキルマップに基づいて、年間計画を立てて計画的に教育していきます。

◪ スキルアップ計画・実績表の事例（印刷会社の例）

製造部門		スキル名		基本ソフトの習得							
被指導者	指導者	現在スキル	目標スキル	区分	4月	5月	6月	7月	8月	9月	10月
山田太郎	井上達夫	△	○	計画	→→→→→→→→→			終了			
				実績	→→→→→→→→		○				

3.　社員教育のメリット

　スキルマップを使った方法には、次のようにメリットがあります。

　第1に、社員のスキルの現状が把握できます。

　第2に、スキルマップにより、次の目指すステップがわかります。

　第3に、全体のスキルアップを目指すことでマルチスキル化が推進できます。

　第4に、マルチスキル化により、個人でマルチな仕事ができるようになり仕事の効率化が進みます。

10 資金繰り管理の仕組み

▶資金繰り管理により、円滑な資金調達を
進めていくとともに資金のショートを防止する

1. 資金繰り管理の基本

　資金繰り管理は、資金繰り表を基に、当月実績の資金収支管理を行うとともに、将来の月別の資金収支管理を行っていくものです。

2. 資金繰り表の内容

　この資金繰り表は、次のような項目で作成します。

⑴　**前月繰越高**

　　前月の現金の繰越高を記入します。

⑵　**収入**

　　売上現金の回収、受取手形の取立金、前受金、その他収入を記入します。

⑶　**支出**

　　仕入現金支出、支払手形の決済、外注加工費、人件費、諸経費などを記入します。

⑷　**財務収支**

　①　**調達**

　　手形割引、借入金を記入します。

② 返済

借入金の返済を記入します。

(5) **翌月繰越高**

翌月の現金の繰越高を記載します。

◆ **資金繰り表(例)**

(単位：万円)

	科目		4月実績	5月予定	6月予定	7月予定	8月予定
	前月繰越高(A)		1,000	2,880	4,760	6,640	8,520
収入	売上現金回収		2,000	2,000	2,000	2,000	2,000
	受取手形取立金		100	100	100	100	100
	前受金		100	100	100	100	100
	雑収入		10	10	10	10	10
	その他		0	0	0	0	0
	計(B)		2,210	2,210	2,210	2,210	2,210
支出	仕入現金支出		100	100	100	100	100
	支払手形決済		10	10	10	10	10
	外注加工費		10	10	10	10	10
	人件費		100	100	100	100	100
	支払利息・割引料		10	10	10	10	10
	設備資金支払		0	0	0	0	0
	決算関係資金		0	0	0	0	0
	計(C)		230	230	230	230	230
	差引過不足(B-C=D)		1,980	1,980	1,980	1,980	1,980
財務収支	調達(+)	手形割引	0	0	0	0	0
		長期借入金	0	0	0	0	0
		短期借入金	0	0	0	0	0
	返済(-)	長期借入金	100	100	100	100	100
		短期借入金	0	0	0	0	0
	差引額(E)		▲100	▲100	▲100	▲100	▲100
	翌月繰越高(A+D+E)		2,880	4,760	6,640	8,520	10,400

3.　資金繰り管理の進め方

資金繰り表により、次のような管理をしていきます。

① 売上の回収と仕入れの支払いはバランスがとれているか

② 現金回収と手形回収の割合に変化はないか

③ 人件費、経費などの支払いは妥当であるか

④ 月別の差引きの過不足に問題はないか

⑤ 借入金の推移に問題はないか

⑥ 手形割引の推移に問題はないか

4.　資金繰り管理のメリット

　会社の資金管理が成り行き的になっていますと突然資金が足りなくなって取引の金融機関に駆け込むことになります。こうした突然の資金ショートを無くすためには、資金繰り表を作成し、資金調達がいつ必要なのかを把握することが大切です。また、資金繰り表により、収支バランスが適切かも検討し、問題があれば内容を見直ししていくことができます。

第11章

経営計画へのステップアップは
どうしたら良いの？

1 経営計画を作る

▶起業計画を運用した翌年から経営計画により、本格的に会社の運営を進めていく

経営計画を作成する目的は、次のようになります。

1. 経営ビジョンを達成するために経営計画を作る

経営計画により、会社のビジョンを明示し、そのビジョンを実現していきます。

例えば、家を建てる場合、いきなり土台を作り、柱を立てて、壁をセットすることはありません。設計図の次は、作業の工程と作業内容を記載した作業工程表を作ります。

設計図や作業工程表がしっかりしているからこそ、土台や柱、屋根などそれぞれの担当者が、順序よく作業を進めることができるわけです。起業では、すでに設計図と工程表は作成してそれに基づいて進めていますが、起業2年目からは、経営計画を作成することにより、経営ビジョンを確実に達成していくようにしていきます。

また、新たに作成した経営計画により、社員はその達成に向かって効率的に進んでいくことになります。

2. 起業計画を発展させていく

当初の起業計画で資金調達もできており、2年目までの計数目標もあるから問題ないという経営者もいます。しかし、経営は、当初の起業計画で終わりではありません。むしろ、2年目からが本格的な経営といって良いのではないでしょうか。このため、当初の起業計画をさ

らに発展させ、本格的な経営計画に切り替えていくことが大切です。

3. 経営計画で社員を動かす

中小企業の中には、「今年度はいくら売り上げる」という売上目標しかないことが多いです。

そのような目標だけでは、社員は売上を上げるため具体的に何を実施していったらいいのかがわかりません。また、「環境の変化が激しく、将来のことはわからないのだから経営計画を立ててもムダだ」という社長もいます。

しかし、経営計画は、予測を立てることではありません。目標を立てることです。

計画を立てずに漫然と経営を続けていくと。新たなビジネスチャンスが目の前に現れても築かないことがあります。また、顧客ニーズが変わっても適応できなかったりします。そして、「いつの間にか業績が落ちていた」ということになりかねません。

会社が発展していくためには、本格的な経営計画によって会社のビジョンを示し、そのビジョンを実現するための具体的な施策を考えることが必要です。そしはて、その施策はきちんと計画に基づいて実現していくことが大切になります。

◘ **会社の発展には、経営計画により次のように回転していく。**

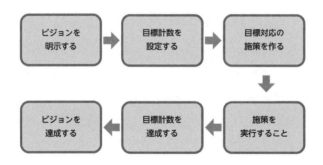

2 参加型の経営計画

▶委員会を立ち上げ、社員参加型で作成した経営計画は、社内全員の参加意識を醸成する

　経営計画の担い手ですが、コンサルタントの中では、社長だけで作成すべきだという意見があります。確かに社長が作成すれば早くできます。

　しかし、著者の経験では、社長だけが作成したものは、社長命令で実施させることはできても、成果がなかなかでません。社員の意思が入っていないものは、お仕着せとなり、達成しようという「思い」にならないのを感じました。

　このため、著者が指導する場合は、社員参加型で経営計画に参加していただけるようにしています。社長が1人で作成するより時間がかかるという点はありますが、社員にとっては自らが参加して作成したという思いが強く、経営計画が成功しやすいです。

　経営計画は、社員が作成段階から参加していくことが大切だと思います。

　それでは、社員を参加させての経営計画の作成について具体的に記載します。

1. 経営計画委員会の立ち上げ

　具体的には、経営計画作成委員会を立ち上げましょう。

　経営計画作成委員会のメンバーは、社長、役員並びに部門から部門長または部門長に準じた社員を任命します。

　さらに、事務局として、総務部門あるいは企画部門から任命し、必ず経営計画の進行状況の議事録作成や資料の取りまとめ役を行います。

このメンバーにより、毎月、経営計画作成委員会を開催し、経営計画を作成していきます。

2. 経営計画作成の手順

具体的には、次のことを検討していきます。
① 意義
② 経営理念
③ 経営ビジョン（会社の将来構想や夢）
④ 外部環境
⑤ 内部環境
⑥ 経営目標（財務目標、業務目標）
⑦ 経営方針（目標達成のための人、物、金、情報などの経営資源の枠組み）
⑧ 目標利益計画（３ヵ年の利益計画）
⑨ 月別目標利益計画
⑩ 主要施策（３ヵ年の施策）
⑪ 行動計画

上記の①から⑪のほかに企業規模によっては、次の管理表を作成します。
⑫ 目標利益計画を基に１年目の予算管理表の作成
⑬ 主要施策を基に１年目の行動計画管理表の作成

3. 経営計画の期間

経営計画の期間は、３ヵ年程度が望ましいと思います。単年度のみの経営計画では短期的すぎ、経営ビジョンが描けません。やはり、将来を考えた経営ビジョンを考えると３ヵ年以上の期間が必要になります。また、３年を超えると長期の計画となります、環境変化の激しい

今日では、作成した計画と現実の内容が大きく乖離して使いものにならなくなる可能性が出できます。

　こうしたことから、３ヵ年が妥当ではないかと考えます。

4. 経営計画の見直し方

　経営計画は、毎年ローリングすることが望ましいと思います。外部環境や内部環境が変わっていないか検討します。外部環境や内部環境に大きな変化があり、設定した目標利益計画と大きく乖離する場合は、目標利益計画の変更を検討します。また、外部環境や内部環境により、主要施策に影響がある場合、必要により、主要施策を変更したり、追加したりします。なお、すでに早期に終了してしまったものがある場合は、次年度以降の主要施策から取り除いていきます。

3 経営計画を作成するメリット

▶一番のメリットは社員のやる気があがること、最終的には、ビジョンを確実に達成すること

経営計画を作成することは、会社に次のようなメリットがあります。

1. 社員のやる気があがる

従来のように、今年度の売上目標だけ明示されてもその売上を達成しても、将来自分たちがどういう位置付けになるのかわからないとやる気がなかなかでません。

経営計画により、3年後あるいは5年後に会社はこうなりたいというきちんとしたビジョンが明示されることにより、社員は、ビジョンがはっきりしているのでそのビジョンを達成しようとする意欲がでてきるものです。

2. 会社の目指す先が明確になる

経営計画により、経営ビジョンが明示されます。

それにより、経営目標も定められますので、会社の目指す先がはっきりします。社員にとっては、行き先が明確なので迷うことなく進んでいくことができます。

3. 効率的な経営ができる

経営計画に基づき事業活動していきますので、ムダな行動がなくなります。3年後あるいは5年後の全体の目標が設定され、その目標に

基づき各部門が部門目標を設定し活動していきますので部門間の行動が統一されそれぞれが違った方向にいくことがなくなります。

4. 自社の外部環境が明確になる

普段、業界の動向は、関連した新聞などで理解しているものの、外部環境を分析する機会はなかなかありません。

自社の置かれている経済環境、競争環境、市場環境、労働環境、業界環境などを分析して自社の外部環境がどのように変化しているかをつかむことできます。

5. 自社の力を知ることができる

経営計画の中で、自社の強みと弱みを分析します。

このため、自社の強みと弱みがわかり、例えば、商品で言えばどの製品やサービスが業界において強いのかが明確になります。また、逆にどの製品やサービスが弱いのかもわかります。さらに、財務面や労働面などからも自社の強みや弱みを理解することができます。

中小企業では、なかなか自社の強みや弱みをしっかり理解している経営者はいません。経営者に強みをお聞きすると「真面目に仕事をしています」「納期がきちんとしています」という回答が返ってくることがあります。本当にこれでいいのでしょうか。もっと自社の強みや弱みに真剣に取組む必要があると思います。自社の強みや弱みを理解してこそ競争で戦えるのではないかと思います。

6. 金融機関の評価の向上が期待できる

中小企業白書では、金融機関が中小企業に経営計画の取組内容について求める内容が具体的に記載されており、金融機関が経営計画を重

要視しているのがわかります。具体的には、経営理念、売上・利益計画、資金繰り計画などの作成が求められています。こうした内容を組み込んだ経営計画を作成していくことが金融機関の評価向上につながるものと思われます。

4 経営計画による金融機関の評価

▶経営計画により、金融機関からのアドバイスや資金面の支援などが得やすくなる

1. 経営計画作成で金融機関から得られるメリット

(1) 会社の将来を見てもらえる。

　経営計画がない会社の場合、会社がどのような方向に向かっているのかわかりません。経営計画があると金融機関では、経営計画をみることにより取引先である会社がどのような将来を描いているかを知ることができます。

(2) 会社へのアドバイスや支援が受けやすくなる

　経営計画があることにより、会社のビジョンや行動計画が明確になるため、金融機関も共通認識を持ってそのビジョンに向けて応援することができます。

　具体的には、会社の経営計画で問題が発生した場合、金融機関として問題点の解消に向けてアドバイスできます。また、経営計画の進捗状況を一緒に検証し、改善のアドバイスをすることができます。

(3) 資金面での支援が受けやすくなる

　経営計画のない会社の場合は、その会社がどの方向に行こうとしているのかが明確にわかりません。

　このため、どうしても会社は成り行き的な管理になります。そうすると収入と支出の管理も成り行きとなり、突然資金がショートする可能性もでてきます。経営計画によりあらかじめ目的が明確になっている資金用途であれば資金支援はしやすくものとなりますが、突

然の資金ショートには、金融機関も対応できないケースが発生します。経営計画は資金管理を明確にすることになり、金融機関の支援が受けやすくなります。

(4) 会社の計画している内容と進捗状況を把握してもらえる

会社がどのような設備投資や実施計画を予定しているのが経営計画により、把握することができます。そして、経営計画の進捗を継続的に確認することにより、経営計画で予定通り進んでいるのかを検証することができます。また、設備資金等で融資した設備が有効に稼動しているかも確認できます。さらに、月次の予算実績管理により、資金繰り状況も把握でき、融資金の返済計画が予定通り進むかどうかも確認することができます。

(5) 債務者区分の引き上げにつながる

経営計画により、会社のビジョンと経営目標が明確になり、経営目標が達成して、業績が向上していけば、金融機関の評価が向上していきます。その結果、債務者区分の引き上げにつながっていきます。

2. 経営計画による金融機関との関わり方

(1) 経営計画を事前説明する

経営計画を作成したら、その内容を金融機関の担当者に説明します。特に、融資を受けている場合、あるいは将来設備投資などにより金融機関からの新たな融資を予定している場合には、返済を考慮した財務計画を立てそれを検証していただくことになります。

(2) 経営計画の発表会への出席を依頼する

金融機関への事前説明が終了したら、全社員に対して経営計画を

発表します。

　その発表会に金融機関を招待し、会社の経営計画に対する決意を聞いていただくとともに経営計画を共有していただきます。

(3)　経営計画の進捗について定例報告を行う

　経営者は、毎月、自社の経営計画の進捗会議の結果に基づき、経営計画の進捗状況を金融機関の担当者に説明します。具体的な内容は、前月までの月次の目標利益計画の実績並びに行動計画の結果について説明します。また、そこで問題となっている点があればあわせて報告し、必要によっては金融機関よりアドバイスをいただきます。

(4)　経営計画の結果について年次報告を行う

　1年が終了した時点で、自社で目標利益計画の成果や行動計画の成果の検証などの年度総括を行い、その結果を金融機関の担当者に説明します。その際に、経営計画の年度総括報告書を提出し説明します。また、経営計画の最終年度においては、当初予定していた経営目標が達成したかを中心に年度総括報告書で説明します。

(5)　次期の経営計画の事前説明を行う

　経営計画の最終年度において、最終年度の計数を中心とした着地予想を基に、次期の経営計画を作成し、その内容を金融機関の担当者に説明します。その際に金融機関の担当者からアドバイスなどがあれば経営計画の見直しを行い反映させていきます。

(6)　経営計画の定例外の報告も行う

　定例報告のほかに、外部環境の変化などで、現状と経営目標や施策が大きく乖離して変更した場合には、その都度金融機関の担当者に報告します。

⑺　金融機関の会社訪問時の留意点

　金融機関が経営計画の発表会などで会社を訪問する場合は、事務所や工場の職場環境や社員の応対などに触れることになります。会社の職場環境や応対などがしっかりできていなければ、会社の経営姿勢が問われかねません。

　このため、普段から５Ｓをきちんと進めておく必要があります。事務所や工場の３Ｓ（整理、整頓、掃除）から実施しましょう。

　それから、清潔面では社内の標準化を目指し、躾面では挨拶や接客がしっかりできるようにしていきます。５Ｓは職場環境の基本であることを理解してきちんと実践していただきたいと思います。

第12章

A4用紙１枚でどのように
経営計画を作れば良いの？

1 経営計画は A4用紙1枚で作る

▶A４用紙１枚の経営計画でも、経営ビジョン達成項目があれば十分できる

1. 経営計画はコンパクトに

　経営計画については、コンサルティングで企業を訪問すると各社各様でいろいろな経営計画をみることができます。

　経営計画は、様式が決まっているわけではありません。このため、いろいろな様式の経営計画があります。

　コンサルタントが経営計画の作成を指導する場合に、数十枚になるケースを見受けます。

　経営理念から始まって、経営ビジョン、経営目標、経営課題、企業環境分析書、自社経営力分析書、利益計画書、資金計画書、販売計画書、生産計画書、設備投資計画書、人員計画書、製品の需要予測書、売上高傾向分析書、新製品計画書、研究開発計画書、部門別計画書などいろいろな計画を作成しています。

　大企業の場合は、経営計画作成の事務局などを設け専任の担当者が経営計画を取りまとめていますので、経営計画のボリュームがあっても作成することができます。

　しかし、中小企業の場合は、人数が限られていて、経営計画を作成する専任のスタッフがいません。売上高が10億円未満の企業になると部門や職務を兼任したりしています。

　これでは、経営計画を作ろうとしても、日常の仕事に追われ、なかなか時間を作ることができません。ましてや、経営計画が煩雑になればなるほどそれだけで作成するのが難しくなります。

　この結果、折角、経営計画を作成しようとしても途中でやめてしまっ

たり、売上計画だけで終了したりしています。

　こうした状況から、簡単に作成できる経営計画を作ることを目的と
したものがＡ４用紙１枚の経営計画です。Ａ４用紙１枚の経営計画に、
必要と考える項目を入れるとともに、記載内容もＡ４用紙１枚に収ま
るように作成してあります。

2.　A4用紙1枚の中に入れる11項目

　このＡ４用紙１枚の中に11項目を入れていきます。

　まず、経営計画作成の**「意義」**を入れます。なぜ経営計画を作成す
るかをこの機会に全社員が理解するために重要です。

　次に**「経営理念」**を入れます。これは、企業の行動指針になるため
のもので、いわば企業の憲法になります。

　そして、経営計画の将来を示す**「経営ビジョン」**を入れます。これ
は、経営計画の中心になるもので、この経営ビジョン達成を目指して
経営計画が進めていきます。

　さらに、経営目標作成のために**「外部環境」**と自社の**「内部環境」**
を入れます。この環境分析が、経営目標の基になります。

　そして、経営計画の目標として**「経営目標」**を入れます。この経営
目標は、経営ビジョンにつながっていく重要な目標になります。

　この経営目標を実現するために、人、物、金、情報の取り組みを決
める**「経営方針」**を入れます。

　ここまでが、経営計画の基本部分になります。この基本部分を基に、
経営計画の実行部分を展開していきます。

　まず、3年間の**「目標利益計画」**を入れます。同時に、初年度の**「月
別目標利益計画」**も入れていきます。

　そして、この目標利益計画を達成するために、3年間の**「主要施策」**
と、主要施策達成のための**「行動計画」**を入れます。この主要施策と
行動計画を実行していくことにより、目標利益計画が達成されていく

ことになります。

　A４用紙１枚のフォーマットは、154 ～ 155 ページを参照してくだ
さい。

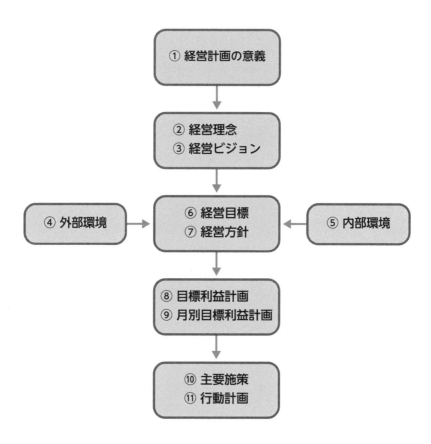

2 起業計画と経営計画の関係

▶起業計画は、会社の初期の段階に作成し、経営計画は、成長期、成熟期に作成していく

1. 起業計画と経営計画の関係性

起業計画は、会社を設立する時から設立１年目までの経営についての計画を作成していきます。そして、経営計画は、設立２年目以降の経営についての計画を作成していきます。

経営の計画を立てる点では、同じような部分もありますが、経営計画は、今後会社を成長させていく部分に重点が置かれるため、そうしたことに対応する内容がでてきます。

2. 起業計画と経営計画の関係表

起業計画と経営計画の関係は、次のようになります。

◇ 起業計画と経営計画の関係

項目	起業計画	経営計画
1	企業	必要箇所に反映
2	動機・アイデア	意義、経営理念（意義と理念として明確にしていく）に反映
3	経営者の資源（経歴・資格・特許）	必要箇所に反映
4	経営ビジョン・経営目標	経営ビジョン・経営目標に継承
5	取扱内容	主要施策、行動計画に反映
6	セールスポイント	主要施策、行動計画に反映
7	販売ターゲット・市場規模	主要施策、行動計画に反映
8	販売戦略	主要施策、行動計画に反映

9	外部環境	外部環境（現時点の環境）
10	内部環境	内部環境（現時点の環境）
11	競合環境	主要施策、行動計画に反映
12	経営方針	経営方針（現時点の取組）
13	取引先	主要施策、行動計画に反映
14	資金計画	資金繰り表で別途管理
15	損益計画	目標利益計画（起業同様に管理）
16	月別実施計画	主要施策、行動計画に反映
17	月別目標利益計画	月別目標利益計画（起業同様に管理）

3 経営計画で新たに作成し重要視される項目

▶経営計画に移る時、新たに作成する項目として、意義、経営理念、主要施策、行動計画がある

　経営計画で新たに作成していく項目としては、意義、経営理念、主要施策、行動計画があり、次により説明します。

1. 意義とは

　経営計画の作成の意義については、経営のトップである社長自らが記載していきます。社長としての経営計画を達成するための決意表明にもなります。

　経営計画の意義の役割としては、社内的には、社員に経営計画に取組む会社の思いを浸透させる役割があります。一方、対外的には、会社の将来の姿を認識させる役割があります。

　それでは、その意義の基本的な構成について説明します。

(1) 経営計画への思いを記載

　今回、経営計画を作成する思いを記載していきます。

　例えば、経営計画を立てることで、将来のビジョンをみんなで共有して達成を目指して進んでいくなどがあります。

(2) 会社の過去の成長についての軌跡を記載

　今まで、会社は、どのような歴史をたどってきたのかを経営計画作成にあたり振り返ります。

⑶　**会社を取り巻く外部環境について記載**

　　現在、会社を取り巻く外部環境はどういう状態にあるのかをみて
いきます。

⑷　**会社の内部環境について記載**

　　会社の商品力、人材力など現在持っている会社の能力についてみ
ていきます。

⑸　**会社の経営ビジョンを記載**

　　今後、長期的に、将来、会社をどのようにしていくのかそのビジョ
ンを明示します。

⑹　**会社の経営目標を記載**

　　経営ビジョンを達成するために、どのように経営目標を立ててい
るかをその目標を明示します。

⑺　**経営計画の全体の構成と進め方について記載**

　　経営計画のガイドラインとして、経営計画の全体の構成を記載し
ます。さらに、この経営計画を今後どのように進めていくのかを記
載していきます。

⑻　**経営計画の副題を記載**

　　この経営計画全体を通じて、経営計画を一言でいうとどういう計
画なのかをあらわす副題をつけます。

　　経営計画を各項目にしたがって作成しただけでは、経営計画の狙
いがなかなかわかりづらい面があります。このため作成した経営計
画全体を一言でいいあらわす副題を作り経営計画を身近なものに感
じてもらいます。

2. 経営理念とは

　経営理念は、経営計画の中で、最も大切なものです。経営計画は、経営理念から始まります。

　経営理念とは、『広辞苑第六版』（岩波書店）によれば、「企業経営における基本的な価値観・精神・信念あるいは行動基準を表明したもの」となっています。

　経営理念については、ここでは、「企業の経営活動をしていく上での経営指針」とします。なお、経営理念は、会社によって、様々な捉え方をしています。

　社会貢献などとした企業の存在意義を中心にしたものや、経営をしていく上で重要視していることについて記載したものがあります。また、企業人としての社会人としての心がけなどの行動基準を記載したものなどがあります。

　中小企業の場合、経営理念といっても言葉がなかなか浮かんでこないことがよくあります。そういう場合は、後述する経営理念の作り方を参考にしていただいています。

　経営理念について、あまりこうでなくてはならないと規定しなくて良いと思いますので、自社の歴史を振り返るなどして自社にあったものを作っていただきたいと思います。

◘ 経営計画の頂点は、経営理念

経営理念
経営ビジョン
経営目標
経営方針（経営資源の活用）

⑴　経営理念を作る目的を考える

　経営理念を作る目的は、経営活動をする上での「モノサシ」を作るということです。

　企業は、この「モノサシ」を基準として経営活動を進めていくことになります。この「モノサシ」には、「社会での役割」と「会社の判断基準」という２つの目盛を入れていっていただきたいと思います。企業が社会でどのような役割を果たしていくのか、また、会社を運営していく上で、社員がどのような判断基準で進んでいくのかをきちんと明確にしていくことで組織が一丸となって進んでいくことができるのではないかと思います。

　企業経営をしていく上で、経営活動がこの経営理念に合っているかを常に検証していきます。そして、もし経営理念と照らし合わせて、異なった企業経営になっていたとしたら、見直ししていくことになります。

⑵　経営理念の作り方

　すでに企業に何らかの経営理念があるのでしたら、それを踏襲するのが良いと思います。ただし、その経営理念が現在の時代背景や経営内容とかけ離れているのであれば再検討してください。また、現在、経営理念として何もないのであれば、次のようなことから考えていきます。

　第１に、経営者が経営してきた中でのモットー（座右の銘）は何だったか。経営者がいつも言っている言葉や大切にしている座右の銘を経営理念にします。

　第２に、どうやって企業を起業しようと思ったのか、起業時の動機を基に経営理念とします。

　第３に、普段どういう姿勢で経営をいるか。

　普段、企業経営している際に重要視している考え方があればそれを経営理念とします。

また、経営理念の内容は、経営をしていく上でのモノサシとなり、社員全員が共有していきますので、わかりやすいものやなじみやすいものが良いでしょう。

しかし、経営理念を作るからといって、特別にカッコいいものを考えようとする必要はありません。また、他社の経営理念は参考にするのは良いですがそのままマネしても何に意味はありません。

他社の事例では、「社会のニーズにあった質の高い製品とサービスを提供する」といった社会を意識したものや「社員の生きがいと思いやりを持ち明るい職場を創る」といった社員を中心にしたものなどがあります。

3. 主要施策とは

経営目標と目標利益計画を達成するための具体的な施策になります。

主要施策は、経営目標、目標利益計画を基に作成します。

そして、主要施策は、全社に共通する施策は、共通部門として作成し、部門固有の施策は、各部門で作成します。

また、主要施策は、各部門について3ヵ年に渡って作成します。

主要施策の例は、次のようになります。

◇ 主要施策（例）

部　門	○ 年度	○ 年度	○ 年度
共通部門	●ISO9001の認証取得 6月より取得準備開始	●ISO9001の認証審査	●ISO27001の認証取得 4月から取得準備開始
	●改善提案活動の導入 4月～3月まで	●改善提案活動の定着 4月～3月まで	●QC活動の導入 4月～3月まで
営業部門	●東京エリアの新規先拡大 20先開拓	●栃木エリアの新規先拡大 20先開拓	●茨城エリアの新規先拡大 20先開拓
	●既存先の売上拡大 1億円の増加	●既存先の売上拡大 1億円の増加	●既存先の売上拡大 1億円の増加

　この内容によって、経営目標と目標利益計画が達成できるか決まってしまいますので、選定条件をきちんと守り施策を作成することが大切です。

　次に、主要施策の内容について具体的に説明します。

⑴　**主要施策の施策数について**

　　主要施策の施策数は、次のようにします。

　　前述のフォーマットでは、各部門で２つの施策にしてありますが、原則として数は問いません。しかし、あまりあれもこれもと施策を広げすぎるよりは、当該年度に必ずやらなければならない重要な施策を上げていただきたいと思います。また、施策は優先順位を付け、重要度の高い施策に的をしぼり選定しましょう。

⑵　**主要施策の選定について**

　　主要施策は、次のように選定します。

①　**経営目標とリンクした施策を選定すること**

　　経営目標にリンクしなければ、経営目標を達成することかできません。部門長の勝手な判断で部門のやりたいことを選定することはしないでください。また、施策は目標利益計画の計数も意識し作成してください

②　**定量化できる施策を中心にすること**

　　施策は、その施策の効果がわかるために定量化できる施策を中心にします。ただし、定量化できない施策でも、経営目標と目標利益計画を達成するために重要であれば、施策として記載します。

③　**施策が実際に行動計画として展開しやすいものにすること**

　　施策としてあげても、施策を実際の行動計画に落とし込める必要があります。月次の行動計画として計画することができなければ進展しません。

④　経営者、部門長がよく協議して決めること

　部門独自に施策を設定してもいいのですが、施策によっては、経営者やほかの部門の協力が必要なものもあります。その場合は、経営者やほかの部門と良く協議して設定してください。ともに共通認識をもつことが大切です。

最後に、主要施策を作成する上で注意すべき点を次にあげます。

(1)　**難しい施策をあげてしまう**

　経営目標を早く達成しようという思いから、初年度から、難しい施策を作成してしまうことがあります。

(2)　**実施しやすい施策をあげてしまう**

　実施しやすい施策は、達成はしやすいものとなりますが、期間が限定されている経営目標や目標利益計画を達成できません。

(3)　**施策が抽象的な表現になってしまう**

　施策が努力するなどの抽象的な表現を使う場合があります。それでは、行動計画も同様に抽象なものとなってしまいます。

4.　行動計画とは

　行動計画とは、主要施策で掲げた施策を具体的に行動目標に展開していくことです。

　行動計画は、次回より月別に1年間作成していきます。

(1)　**行動計画の作成方法**

　①　**具体的行動内容**

　　主要施策で実施すると決めた内容について、具体的にどのような

ことを実施していくかを決めます。

　例えば、「5S活動の導入」という施策が掲げられていた場合には、行動計画としては、「5S導入に向けて、5S委員会を立て上げ、5S推進スケジュールを立案し整理、整頓、清掃まで進める」というようになります。

② 責任者

　責任者としては、具体的に決めた行動計画を主体となって遂行する者を記載します。

③ 計画線表

　具体的行動内容をいつから始めていつまでに終了にするのかを計画を計画欄に線を引きます。

④ 実績線表

　具体的行動内容をいつから始めていつまでに終了したかを実績欄に線を引いていきます。

⑤ 成果と反省

　具体的行動内容を実行した結果、どのような成果になったかを記載します。また、成果について問題などがなかったか検証し記載します。

⑵ 行動計画の例

　行動計画は、次のようになります。

◎行動計画（例）

部門	具体的行動内容	責任者	区分	○月	○月	○月	○月
○○部門	5S導入に向けて5S委員会を立ち上げる	山田太郎	計画	→			
			実績				

○月	○月	○月	○月	○月	○月	○月	○月	成果と反省

(3)　作成上の注意

①　具体的行動内容

　主要施策に添った行動計画を記載します。主要施策と関係のない内容を実施しないようにしてください。また、行動計画で実行する内容は、具体的なものを記載してください。計画内容が抽象的だと実施することができませんし、仮に実施しても成果に結びつきません。

②　責任者

　部門の計画ですが、部門長が最終責任者だからといってすべて部門長にしないでください。部門長は最終責任者ではありますが必ずしも実行責任者ではありません。ここでは、実行責任者を記載します。

③　線表

　具体的行動内容の計画線表を正確に記載してください。行動計画について、とりあえず年度初めから年度終了まで計画線表を引く例がありますが、目指す予定線表を引いて、効率的に計画を進めるようにしましょう。

④　成果と反省

　期日は、当初計画通りの線表で実績として終了したかをみます。次に、具体的行動内容に従った成果がでたかをみます。成果が当初予定通りでなければ、その原因を追究して、今後とどのようにしていくかを記載していきます。

第13章

経営計画の事例

1 A4用紙1枚で作る 良い経営計画書

▶A４用紙１枚の経営計画は、記載内容が 明確かつコンパクトでわかりやすくなっている

1. 良い経営計画の中身

　この経営計画の実例は、地方都市のカステラ製造会社です。売上高は5.5億円です。社員は50人います。カステラのみを製造しており、地方都市では、老舗となっています。今後は地方都市ナンバーワンを目指すとともに、首都圏にも進出を予定しています。

　この経営計画の最大の目標は、経営計画の**副題**にも掲げていますが、３年後売上高７億円と売上高営業利益率７％です。この目標の基に経営計画全体のシナリオが作成されています。もちろん、この目標の先には地域シェアナンバーワンという**経営ビジョン**があります。

　別紙の実際の経営計画を検証してみます。

　まず、経営計画の**意義**ですが、自社の置かれている立場と課題を明確に示すとともに、目指す先もしっかり打ち出しています。なぜ、経営計画を立てるのかを社員全員がしっかり理解していると実際に経営計画を進めていく場合に現場ではスムーズに運びます。

　次に、**経営理念**は家庭に笑顔、おいしい味の追求を提示しています。このモノサシをモットーとして活動していくことになります。

　経営ビジョンは地域シェアナンバーワンとしています。過当競争下にあるカステラ業界において、地域シェアナンバーワンになることは容易ではありません。しかし、シェアナンバーワンこそが地場で生き残る道と考えています。社員にとっても、わかりやすいビジョンです。

　外部環境は、政治環境から市場環境までコンパクトにまとめています。自社の置かれている環境を理解することは、その環境に適用した

行動をとることができます。当社としては、外部環境にしっかり適用した行動をとっていくことが重要なポイントになります。

　内部環境は、自社の強みを３点あげています。わが社の武器はこれだということを押さえていると自信を持って進んでいくことができます。一方、自社の弱い点も３点捉えています。これが自社の課題だということがわかります。弱点をしっかり理解していれば、それを克服する手段が明確になります。

　経営目標は、財務目標として売上高と売上高営業利益率を上げ、業務目標としてカステラ素材の○○新商品開発を上げています。売上高と売上高営業利益率を押さえたところはバランスがとれています。また、新商品開発を目指している点も良いと思います。

　経営方針は、経営目標、環境、利益計画を基に、会社として取組むべき方針を４つの視点（人、物、金、情報）から作成しています。

　目標利益計画は、経営目標を基に作成されています。また、年度内の**月別目標利益計画**も季節要因を考慮して作成しています。

　主要施策は、目標利益計画を基に部門別に実施していく課題を期日と定量的にあげています。期日と定量は年度で成果を図れるのでとても大切なキーワードです。

　行動計画も主要施策を受けて、月別に具体的にどのような仕組みで実施していくかがあげられています。行動計画では、ただ施策を実施していくということではなく、どのような仕掛けで進めていくのかが重要になります。特に、この行動計画は日常実際に活動していく内容なので、問題がないかしっかり検証していきましょう。

◪ **良い経営計画は、行動計画から**
　 経営ビジョンまで連動

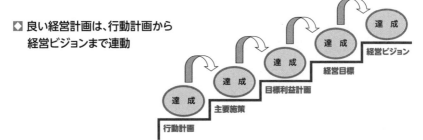

経営計画書

○○カステラ製造株式会社

【計画期間：令和○○年度～令和○○年度】

(副題：プロジェクト　77)

1. 意義

　　当社を取巻く状況としては、家計消費支出をみると菓子類全体としては増加傾向にあるにもかかわらず、カステラに関しては減少傾向にある。
　　一方、社内では、社員の技術職の高齢化が進み若年層の教育が必要となっている。
　　こうした状況において、当社の経営基盤を確かなものにするために、今回、経営計画を作成した。この経営計画にしたがって、全員が共通の認識を持って進んでいってもらい
　　経営ビジョンは、「○○地域のシェアナンバーワン」である。このビジョンの基に経営目標を作成している。
　　また、全員に経営計画の目標をわかりやすくするために、『プロジェクト77』のサブタイトルを付けた。77とは、売上高7億円、売上高営業利益率7％をいう。

2. 経営理念

1. カステラで、家庭に笑顔を届ける。
2. カステラのおいしい味の追求をする。

3. 経営ビジョン（3年後あるいは将来）

○○地域のシェアナンバーワンになる。

6. 経営目標（3年後）

1. 売上高　　　　　　　7億円
2. 売上高営業利益率　　7％
3. カステラ素材の○○商品の開発

4. 外部環境

政治環境	（機会）	法改正等で国内に外国人が
	（脅威）	規制緩和を打ち出し、各業
経済環境	（機会）	低金利で推移している。
	（脅威）	景気が低迷している
社会環境	（機会）	インターネットやSNSの
	（脅威）	労働力人口が減少して
市場環境	（機会）	付加価値の高い商品が
	（脅威）	お菓子類をはじめ、嗜好
その他環境	（機会）	世代交代の中で、良い
	（脅威）	カステラの老舗の地盤

5. 内部環境

強　み	・創業34年の歴史を持ち、3代目 ・地域では、当社のカステラの味 ・独自のカステラ製造技術を保有付
弱　み	・年功序列的な体質が温存している ・生産の管理が確立していないた ・営業先が固定化しており、新規

7. 経営方針（経営資源の取組）

（人）：人材教育を進めて能力開発を行う。
（物）：新規機械導入等により生産効率と
（金）：設備資金、運転資金管理を徹底す
（情報）：社内システムを整備し、業務の効

10. 主要施策

部門	○○年度	○○年度	○○年度
共通部門	・5S活動の導入・推進（4月～3月）	・改善提案制度の導入・推進（4月～3月）	・新人事制度の構築　賃金体系の見直し
	・HACCPの導入　認証取得準備9月開始	・HACCPの認証取得　認証審査6月合格	・HACCPの継続
営業部門	・新規百貨店の開拓　2先開拓	・新規卸ルートの開拓　1先開拓	・イベントの推進　百貨店やイベントに参加
	・ネット店舗販売の推進　ネット売上5％増加	・販店、軽食店の強化　店舗の売上5％増加	・新店舗を出す　1店舗新設
製造部門	・新商品開発と開発体制整備　2商品開発	・新商品開発　2商品開発	・新商品の開発　2商品開発
	・工場の省人化、効率化　生産コスト5％削減	・作業手順書の整備　製造に関わる手順書完成	・経費のムダの削減　経費5％削減
総務部門	・社員の教育体系の構築	・社員のスキルマップとスキルアップ計画の作成・実行	・社内基準の整備
	・受発注システム導入で在庫10％削減	・資金繰り表による資金管理	・経理の見える化の構築

11. ○○年度の月別行動計画

部門	具体的行動内容
共通部門	・5S委員会を立ち上げ、全社で5S活動す（整理・整頓・清掃・清潔・躾まで実
	・HACCP委員会を立ち上げ認証進める。（来年6月に認証取得
営業部門	・新規百貨店をリストアップしセールスする。（2先は開拓する）
	・社外のネット専門店舗に参加をす（ネット売上5％に増加）
製造部門	・開発リーダーを中心に高級品開する。（年間2商品を開発）
	・機械導入による省人化と産ラインの的な運用を行う。（生産コスト5％
総務部門	・階層別に必要項目を洗い出し教育系化を図る。
	・受発注システムを導入し在庫のを行い在庫保有を10％削減する。

令和〇〇年度

令和〇〇年〇〇月〇〇日作成

増え和菓子のニーズも増加している。
種、業態間の競争が増している。

め、消費が抑えられている。
普及で、容易に商品が購入できる。
いる。

求められている。
商品が常に新規開発されている。
商品であれば選択されていく。
が固く、なかなか崩せない。

として地域の信頼を得ている。
が定着している。
加価値の高いカステラを開発できる。

とともに社員が高年齢化している。
め、原価高となることがある。
開拓ができていない。

生産管理を高めていく。
る。
率化を図る。

8. 目標利益計画
（単位：百万円）

項目	〇〇年度計画	〇〇年度計画	〇〇年度計画
売上高	600	650	700
売上原価	360	357	350
売上総利益	240	293	350
一般管理費等	210	254	301
営業利益	30	39	49

〇〇年度実績	成果と反省

9. 〇〇年度の月別目標利益計画
（単位：百万円）

項目	区分	4月	5月	6月	7月	8月	9月	10月	11月	12月	1月	2月	3月	合計
売上高	計画	40	40	60	80	40	40	40	60	80	40	40	40	600
	実績													
売上原価	計画	24	24	36	48	24	24	24	36	48	24	24	24	360
	実績													
売上総利益	計画	16	16	24	32	16	16	16	24	32	16	16	16	240
	実績													
一般管理費等	計画	14	14	21	28	14	14	14	21	28	14	14	14	210
	実績													
営業利益	計画	2	2	3	4	2	2	2	3	4	2	2	2	30
	実績													

12. 〇〇年度の総括（成果と反省）

	責任者	区分	4月	5月	6月	7月	8月	9月	10月	11月	12月	1月	2月	3月	成果と反省
る。施)	5S委員長	計画												→	
		実績													
取得	専務	計画												→	
		実績													
	営業部長	計画												→	
		実績													
る。	営業部長	計画												→	
		実績													
発を	製造部開発リーダー	計画												→	
		実績													
効率削減)	製造部長	計画												→	
		実績													
の体	総務部長	計画												→	
		実績													
把握	総務部長	計画												→	
		実績													

第14章

経営計画の進捗管理は どうしたら良いの？

1 進捗管理の方法

▶進捗管理で経営計画の進み具合を検証し、計画が予定通り進んでいるかを管理し目標達成を目指す

1. 進捗管理について

　経営計画を作成することにより、目指す経営のゴールが明らかになり、計画に従ってまい進することができます。

　しかし、経営計画は、作成しただけではゴールにたどりつけません。作成した経営計画を実行していかなければなりません。ただ、漫然と経営計画を実行していくだけでは、行動計画の中で遅れがでてきたり、障害が発生して行動計画がストップしてしまったりする場合が生じます。

　こうしたことを解消するために経営計画の進捗管理が行われます。

　経営計画が予定通り進んでいるかを、この進捗管理で常時検証していきます。

2. 進捗管理の役割

　進捗管理の役割を具体的にみていきます。

⑴　**経営計画の推進を後押しする**

　経営計画を一生懸命に作成しても、作成しただけで満足してしまい、机の中にしまっているケースがあります。折角、経営計画を作成したのだから実行していかなくては意味がありません。進捗会議で社長を先頭に経営計画の推進を後押しします。

⑵　問題解決の場とする

　経営計画を推進する上で行動計画が進まなかったり、問題が発生したりした場合に、進捗会議の場でその原因を追究し、解決策を検討していきます。また、行動計画が外部要因などにより、取りやめになる場合もこの場で判断していきます。

⑶　計画と実績の差異を検証する

①　計数の差異の検証

　月次の予算管理表を基に利益計画通りに推移しているかを進捗会議でチェックします。仮に、実績が計画を下回っている場合は差額対策を検討し、改善策を考えます。

②　行動計画の進捗の検証

　行動計画は、毎月計画したことを実行、検証、改善というPDCAのサイクルで回しています。進捗会議でこのPDCAのサイクルがきちんと回っているかをみていきます。

　具体的には、計画したことに対して、何を実行したかをみていきます。次に、計画したことと実行したことの差があるのかどうかを検証します。もし、計画通りに実行できなかった場合は、できなかった部分について改善策を検討して、次月以降に実行するようにしていきます。

⑷　経営計画の修正をする

　外部環境や内部環境が著しく変化して、当初作成した経営計画が現状に合わなくなる場合があります。現状に合わないまま経営計画を進めても経営目標の達成はできませんので、この進捗会議で経営計画の修正を検討していきます。

⑸　コミュニケーションを図る

　経営計画は、各部門が協力して推進していくものです。進捗会議

　を通じて、部門間のコミュニケーションを図り協力体制を構築し
ていきます。そして、全体施策や部門施策に問題が発生した場合は、
進捗会議で意見を交換して、改善策を実施していきます。

2 進捗会議のポイント

▶経営計画の進捗会議は チェックポイントをはずさないこと

1. 進捗会議でココをみる

(1) 環境に問題はないか

　外部環境や内部環境が大きく変化し、当初経営計画を作成した時の状況と異なっているにもかかわらず、当初の経営計画をそのまま続けていないか

(2) 目標利益計画に問題はないか

①　月別の目標利益計画の実績が1ヵ月以上遅れて記載していないか

②　月別の目標利益計画の計画と実績に問題はないか

(3) 行動計画の内容に問題はないか

①　行動計画の責任者がすべて部門長の名前になっていたり、実際の責任者と異なっていたりしないか

②　行動計画は、具体的行動内容の計画についての計画線表があっても何も実施せず延期となり何も実施していないということはないか

(4) 次年度の経営計画に問題はないか

　前年度の経営計画の結果を考慮せず、次年度には当初作成した経営計画に従って実施していないか

⑸　**成果と反省に問題ないか**

　　目標利益計画、月別行動計画、年度の総括において、成果と反省の記載欄があるが、単なる結果報告となっており、成果や反省点が明確になっていないか

⑹　**経営者に問題はないか**

　　経営者は経営計画を作成する時は参加して進捗管理は、部門長にまかせっきりになっていないか

⑺　**部門長に問題はないか**

　　部門長は経営計画に従って自部門で実施しなければならない主要施策があるにもかかわらず、部門長の判断で別の施策実施していないか

⑻　**進捗会議の進め方に問題はないか**

　　進捗会議が前月までの計数や行動計画の進捗状況の単なる発表の場になっていて計数や行動計画の結果に問題があっても、誰も指摘しないということはないか

3 計画と実績の差を どうするか

▶計画と実績の差がある場合は
その内容を十分検討する

1. 計画を実績が上回る

計画を実績が上回って推移していた場合の対応について説明します。

⑴ **年度目標利益計画の計画を上回る実績**
　① **売上高の計画を上回る実績**

　主要施策、行動計画、主要施策以外の各部門で実施した内容のどこが良かったのかを検討します。そして、自社の目標が元々小さかった場合は、次年度の目標を上方修正します。一方、特殊な原因が発生している場合は、現状のままの目標とします。
　② **営業利益の計画を上回る実績**

　売上高、売上原価、一般管理費等のどこが良かったのか検討します。次に、主要施策、行動計画、主要施策以外の各部門で実施した内容のどこが良かったのか検討します。そして、次年度の目標を上方修正します。

⑵ **月別目標利益計画の計画を上回る実績**
　① **月別売上高の計画を上回る実績**

　月の売上の内容及び主要施策、行動計画、主要施策以外の各部門で実施した内容のどこが良かったのか検討し、月の売上高 を見直しします。

②　月別の営業利益の計画を上回る実績

良かった科目について、主要施策、行動計画、主要施策以外の各部門で実施した内容のどこが良かったか検討し、月の営業利益を見直しします。

⑶　**主要施策の達成目標を上回る実績**

行動計画のどこが良かったのか検討し、次年度の主要施策の見直しをします。

⑷　**行動計画の計画を上回る実績**

行動計画の計画内容のどこが良かったかを検討し、月の行動計画の見直しをします。

2.　計画を実績が下回る

⑴　**年度目標利益計画の計画を下回る実績**

①　**売上高の計画を下回る実績**

主要施策、行動計画、主要施策以外の各部門で実施した内容に問題がないか検討し、改善策を実施します。

②　**営業利益の計画を下回る実績**

売上高、売上原価、一般管理費等のどこに問題があるのか検討します。次に、主要施策、行動計画、主要施策以外の各部門で実施した内容に問題がないか検討し改善策を実施します。

⑵　**月別目標利益計画の計画を下回る実績**

①　**月別売上高の計画を下回る実績**

計画を下回っていた月の売上の内容及び主要施策、行動計画、主要施策以外の各部門で実施した内容に問題がないか検討し、改善策を実施します。

②　月別の営業利益の計画を下回る実績

　問題になった科目について、主要施策、行動計画、主要施策以外の各部門で実施した内容に問題がないか検討し、改善策を実施します。

(3)　主要施策の達成目標を下回る実績

　主要施策に適した行動計画であるかを検討します。行動計画自体が主要施策で求めているレベルを下回ったり、その行動計画を実行しても主要施策に達成につながらないものであれば見直す必要があります。

(4)　行動計画の計画を下回る実績

　行動計画の計画内容に問題がないか検討し改善策を実施します。

4 経営計画の2年目以降

▶前年度の問題の見直しとともに 新年度の施策を実施する

1. 前年度から継続するもの

　意義、経営理念、経営ビジョンは、前年度を継続します。また、経営目標は、前年度の経営計画の結果に経営目標に影響を及ぼすことがない限りそのまま継続します。

2. 新年度に新規作成するもの

⑴　**外部環境と内部環境**

　本年度の外部環境の機会、脅威を前年度の外部環境を基にもう一度外部環境が変化していないか見直して作成していきます。

　また、内部環境の強み、弱みについても、前年度の強み、弱みを基に内部環境が変化していないか見直し作成します。

⑵　**経営方針**

　人、物、金、情報について、前年度の経営計画の結果を基に、今年度の経営方針を作成します。

⑶　**目標利益計画**

①　年度目標利益計画

　原則として、当初計画している数値とします。ただし、前年度の結果が計画を下回った場合は、残りの年度でどう補っていくかを検討し、目標利益計画の見直しをします。一方、前年度の目標利益計

画の結果が計画を上回った場合は、当初計画を上方修正します。

②　月別目標利益計画

年度の目標利益計画を基に、月別目標利益計画を作成します。

⑷　主要施策

当初計画している主要施策を記載します。ただし、前年度の目標利益計画の結果が計画を下回った場合は、主要施策の見直しをします。一方、前年度の目標利益計画の結果が計画を上回った場合は、当初設定した主要施策を継続します。

⑸　行動計画

①　具体的行動内容

主要施策を達成するために、具体的な行動内容を作成し、月別の計画線表を作成します。

ただし、前年度の具体的な行動内容の結果が計画を下回った場合は、どういう点に問題があったのか反省し、さらに継続して計画を実施する場合は、行動内容の見直しをします。一方、前年度の具体的な行動内容の結果が計画を上回った場合は、主要施策に対応した新たな具体的な行動内容を設定し推進していきます。

第15章

PDCAで
計画の達成力を上げる

1 PDCAで計画の実行を確実にする

▶経営計画の行動計画をPDCAで展開

　経営計画の行動計画では、「いつからいつまで実施するか」を計画欄に線を引いて、「いつからいつまでかかった」を実績欄に線を引いています。

　この方式は、計画や実施の期間を線表で記載するだけなので、月ベースの詳細な計画内容、実施内容、結果を見ることはできません。また、計画未達などをどのように改善しているかも見えません。

　このため、ある程度の規模の会社では、後述する「PDCA方式の行動計画管理表」を作成し運用していただきたいと思います。

　PDCAとは、通常PDCAサイクルと呼ばれ、Plan（計画）、Do（実行）、Check（検証）、Act（改善）の頭文字を取ったものです。経営品質を構築したといわれるエドワード・デミングが提唱した考え方です。

　この4段階を基に管理していくことにより、計画した内容を計画通り達成させる仕組みです。

1. PDCA方式の行動計画管理表の内容

⑴　**Plan（計画）**
　実施施策に対して、その施策ができるための計画を作成します。

⑵　**Do（実行）**
　計画を実行に移します。

⑶　**Check（検証）**

　実行した内容が計画通りできたかを検証します。

⑷　**Act（改善）**

　検証した結果を受けて、どのように改善を行っていくべきかを検討します。

2.　PDCA方式の行動計画管理表の目的、目標を知る

⑴　**目的を認識する**

　PDCA を成功に導くには、何のために計画を PDCA で展開していくのかを担当者全員がしっかり認識することが大切です。すべては、経営ビジョンの達成のために行っているのです。PDCA のしっかりした展開が最終的には経営ビジョンの達成につながっていきます。

⑵　**目標を認識する**

　目的を理解したら、今やるべき目標は何なのかを認識しましょう。今やるべき目標は、経営目標の達成です。この経営目標の達成のために、実施計画や行動計画を展開しています。

　そして、この計画を達成するために、PDCA を展開していくことになります。

⑶　**部門目標を個人まで浸透させる**

　計画は、原則、部門長がリーダーとなって活動しています。しかし、部門の目標は当然個人の目標にもつながります。部門長のみが忙しく目標の実行のために走り回っている姿が見受けられますが、部門長は自分1人で抱えることなく、部下全員まで施策を落とし込み、それぞれの役割をきちんと決めて進めていきましょう。

3.　PDCA方式の行動計画管理表の進め方

⑴　P（計画）の進め方

①　実施計画や行動計画に基づいた計画であること

②　プロセスの管理の基準となる月次の重要業績評価指標と目標数値を設定しておりますので、月次の重要業績評価指標と目標数値に連動したものであることが必要です。

⑵　D（実行）の進め方

①　当初、計画したことをどれだけ実行したかが重要な点になります。いろいろな事情で、途中までしか実行できなかったり、まったく実行できなかったりする場合があります。ここは、全員で計画通り実行することが第一になります。

②　本当に計画したことを実行したか、計画とは異なるものを実行しなかったか確認する必要があります。計画と合わないものを実行しても予定した効果はでません。

⑶　C（検証）の進め方

①　計画を実行したことにより、月次の重要業績評価指標の目標数値を達成したか検証します。

②　計画と実行に差異があったかどうかを検証します。

⑷　A（改善）の進め方

①　計画と実行に差異があったり、計画通り実行したにもかかわらず重要業績評価指標の目標数値に届かなかったりする場合があります。その場合の差異を検討します。

②　差異を検討した結果、その原因が判明した場合は改善策を検討して、次月の計画で取り入れます。

2 重要業績評価指標 (KPI)の設定

▶PDCA方式の行動計画管理表のアラーム役として
重要業績評価指標（KPI）と目標数値を設定

重要業績評価指標は、Key Performance Indicator といい、目標を達成するための業績評価の指標です。

目標に向かってプロセスが順調に進んでいるかどうかを検証する重要な指標となります。また、この指標を基に目標数値を設定します。

PDCA 方式の行動計画管理表において、結果がこの目標数値に達していない場合には、計画した行動に問題があることを意味していますので計画を再検討する必要があります。

1. 重要業績評価指標と目標数値の設定方法

(1) 担当者を決める

この重要業績評価指標と目標数値について誰が責任を持つかを決めます。担当となった者は、常に重要業績評価指標と目標数値を意識して行動するようにします。

原則として、計画の担当者が重要業績評価指標と目標数値の担当者になります。

(2) 期限を決める

設定した重要業績評価指標と目標数値をいつまでに達成するのか期限を決めます。例えば、住宅の契約件数10件を9月までに獲得するというようにします。目標数値の達成は、計画の達成につながります。

⑶　**重要業績評価指標と目標数値を決める**

①　**目標達成までの重要業績評価指標と目標数値**

施策の達成度合いを測る重要業績評価指標と目標数値を設定します。

なお、重要業績評価指標の目標数値は、原則として定量数値を設定し、部門の特性などにより計測のできる数値がない場合に定性数値を設定します。

また、目標数値は、計画達成につながる数値を設定してください。

②　**月次単位の重要業績評価指標と目標数値**

これは、計画の展開を月次単位で行いますので、重要業績評価指標と目標数値も月次単位で設定します。

これにより、きめ細かなプロセス管理ができます。

2.　重要業績評価指標と目標数値の見直し

次の場合には、重要業績評価指標と目標数値の見直しを行います。

⑴　**重要業績評価指標の目標数値を達成しても施策が達成できない**

重要業績評価指標の目標数値を達成したのにもかかわらず、経営計画の施策が達成できない場合があります。この場合は設定した重要業績評価指標と目標数値でなぜ施策を達成できないのかの原因を探り、重要業績評価指標と目標数値の見直しを検討します。

⑵　**１つの重要業績評価指標と目標数値では対応できない**

原則として、１つの重要業績評価指標と目標数値を設定して管理しますが、それだけでは、計画を達成できない場合に複数の重要業績評価指標と目標数値を設定します。

ただし、あまり設定数が多いと重要業績評価指標と目標数値と計画の関係が不明確になったり管理が複雑になったりしますので注意

しましょう。

3.　重要業績評価指標と目標数値の注意点

⑴　**計測できること**

　重要業績評価指標の目標数値は、原則として、計測できるものを設定する必要があります。そうしないと、本当に進捗しているのかが見えなくなります。

⑵　**理解し納得していること**

　重要業績評価指標と目標数値は、担当者がその意味を理解していることが大切です。また、理解した後、その指標と目標数値がふさわしいということを納得していることが大切です。担当者が納得していなければ、進めていくことはできません。

⑶　**わかりやすい指標と目標数値**

　誰もがわかる指標と目標数値を設定すると行動が取りやすくなります。

　わかりにくいものは、結局達成しにくいものとなります。

3 PDCAに『KFS』を入れる

▶KFSを入れることで、効果的な計画になる

1. KFSとは

　KFS は、Key Factor Success の略称で、重要成功要因のことを言います。以下「KFS」といいます。これは、目標を達成するために相応しい計画であるかをいいます。

　目標を達成するに相応しい計画でなければ、いくら、目標や指標を設定しても、達成することはできません。

　PDCA 方式の行動計画管理表では、計画内容が KPI の数値目標を達成するために適したものであるかを検討する必要があります。もし、KPI の数値目標に相応しいものでない場合には、計画内容を再検討する必要があります。

2. KFSの設定

⑴　**KPI の目標数値に対応したものにする**

　設定した KPI の目標数値を達成するに相応しい計画内容なのかを見極める必要があります。

　KPI の目標数値に対応していなければ、見直す必要があります。

⑵　**計画内容は具体的なものにする**

　計画内容を設定したとしても抽象的なものや単なる努力するなどの内容では、実際の行動につながりません。

　例えば、ある目標件数があるとすれば、資料の活用、対象地域、

対象者、アプローチ方法などを考えることが大切です。

⑶　計画の結果は、常に検証し見直すようにする

　KPIで成約件数を掲げているにもかかわらず、ただ単に訪問すれば良いということでは成約にはつながりません。このため、訪問結果に対して、検証し問題点を見直す作業を入れる必要があります。

3.　KFSの見直し

次の場合には、KFSとして計画内容の見直しを行います。

⑴　KPIの目標数値に届かない

　KFSの通り実行したにも関わらずKPIの目標数値を達成しない場合は、計画に問題があると考えます。このため、計画の内容の見直しを行います。

⑵　行動計画が実行できない

　無理な行動計画を立ててしまうと実行できません。実行できないものであれば、実行可能なものに変更しましょう。

4 PDCA方式の行動計画管理表の事例

▶PDCA方式の行動計画管理表の事例を通じて、書き方を学ぶ

　今回は、経営計画の PDCA 方式の行動計画管理表について、事例として記載します。

1. 会社概要

　会社は、現在、県内で一般住宅の建築とリフォームを主に行っています。経営ビジョンは、創業 100 年の老舗の高い技術と信頼の地域のナンバーワン企業です。経営目標は、3 年後の売上高 5 億円、工事利益率 25% です。これを踏まえ、営業部の施策では新規民間住宅の受注拡大、工事部の施策では住宅工事の利益率向上を打ち出しています。

　この施策に基づいて、展開した行動計画の事例を次に見て検証したいと思います。

<営業部の行動計画のポイント>

● **責任者：**責任者が明確になっています。これは大切なことです。責任者がはっきりしないと、この計画は進みません。

● **期限：**施策の完了期限が明確になっています。この期限内に成果をあげなければならないという意識になります。

● **重要業績評価指標と目標数値：**重要業績評価指標は成約件数で、目標数値は年間 12 件となっており、わかりやすい計数です。この計数で結果管理ができます。

● **月別重要業績評価指標と目標数値：**毎月の重要業績評価指標は成約件数で、目標数値は月 1 件と明確になっています。これにより、目標数値をクリアできたか検証することができます。

◗ 行動計画管理表（例）

責任者	○○	期限	○年○月○日	指標・目標	成約件数年間12件

項目	日程	4月	5月
	指標・目標	成約件数月1件	成約件数月1件
新規民間住宅の受注拡大	計画	① 過去の受注した顧客カルテより、新規アプローチ先をリストアップする。 ② 新規先を1日5件訪問する。 ③ 継続交渉先を1日3件訪問する。 ④ 営業推進管理表を作成して、営業の訪問結果を記載し、成約に向けて営業管理する。	① 新規先を1日5件訪問する。 ② 継続交渉先を1日3件訪問する。 ③ 営業の訪問結果を営業推進管理表に記載し、成約に向けての戦略を作成する。 ④ 現場見学会で見込み客の獲得を行う。
	実行	① 新規アプローチ先をリストアップした。 ② 新規先を1日5件訪問した。 ③ 継続交渉先を1日3件訪問した。 ④ 営業推進管理表に訪問結果を記載した。	
	目標結果	1件成約し目標数値をクリアした。	
	検証	① 予定通り新規アプローチ先のリストアップを完了した。 ② 新規先、継続先を予定通り訪問した。なお、継続交渉先のうち1件成約した。 ③ 継続交渉先は、成約シナリオどおり進んでいる。	
	改善	① 営業推進管理表を基に、新規先は既存リストアップ表で活動する。 ② 営業推進管理表を基に、継続交渉先で受注予定先のクロージングをする。 ③ 現場見学会で新規先の開拓を行う。	

(注) 指標：KPIの略称表示、目標：目標数値の略称表示

＜PDCA のポイント＞

●P（計画）の段階

　計画段階ですが、契約件数を上げるための計画づくりができています。具体的に、顧客アプローチ方法や営業管理方法などが戦略としてでています。

　PDCA の中で一番重要な点は P の計画をいかに立案するかで勝負は

決まってしまいます。しっかりとした仕組みができなくても目標があるからといって精神論で「頑張る」、「努力する」では何も変わりません。

●D（実行）の段階

　計画段階で計画された内容がどのように実行されたのかが記載されています。

●C（検証）の段階

　重要業績評価指標の目標数値に対応した結果がでています。また、計画したこともきちんと実行されています。

●A（改善）の段階

　今回は、結果も予定通りでましたので、大きな改善はありませんでした。しかし、目標通りの結果がでても、目標が甘くなかったか、外部環境の影響なのかは検証しておきましょう。

第16章

予算管理表で
目標利益を上げる

1 予算管理表で目標利益計画を達成する

▶目標利益計画を予算管理表により計数管理し、予算と実績の差を解消していく

予算管理表は、月別目標利益計画の内容を詳細に管理する場合に別途作成します。

月別目標利益計画において、計画の数値と実際の数値に差異が生じた場合は、この予算管理表を基に、科目別に原因を分析して対策を検討していきます。

予算管理表の内容は、次のようになります。

第1に、年度予算は、年度の目標利益計画を基準に作成します。

支店がある場合は、支店単位で予算管理を行います。

よく、本店と支店を一緒にして管理し、支店からは月次の売上のみを本社に報告して終わりにしているケースがあります。これでは、どこで利益が出ているのか、あるいは損失がでているのかわからず、また責任の所在もあいまいになります。こうしたことから、全社レベルの予算管理だけでなく、支店単位の予算管理化が必要です。

支店単位の予算管理を行う場合、本社経費の取扱いに留意します。基本的には、本社経費は本社で予算管理をします。よく、本社経費を支店に配分している例をみかけますが、その場合は、配分基準を明確にし、各支店で不公平のないように注意を払う必要があります。

また、本社経費を支店に配分したとしても、あくまでもその管理は本社であることを忘れないでください。

第2に月次の予算の作成を行います。

基本的には、年度予算を月次単位に割り振っていきます。

　ただ、季節変動のある会社は、過去何年かの季節変動の実績を分析し、来期の変動要因を考慮して割り振りをするなどの工夫が必要です。

　予算管理表としては、当月までの累計の計画、実績、差額と月別の計画、実績、差額を作成していくのが一般的です。

第3に、月次決算を行います。

　中小企業の場合は、顧問税理士から年に一度決算書が送られてくるのみで、月次の試算表がないところが少なくありません。これでは、年に一度の決算にならないと儲かったのか損したのかわからず、その間、何もできないことになります

　試算表は、計画経営には必須です。試算表がない場合には、この予算管理を始めるのを機会に作ってください。

　また、たとえ試算表ができていても支店単位に作成されていない場合があります。その場合は、伝票の起票段階で支店別に区別するなどの事務手続きの変更をして支店別に試算表ができるようにします。

第4に、差異分析を行います。

　計画と実績に差額が生じた場合は、その原因分析をしなければなりません。この部分をおろそかにしていたのでは、予算管理をやる意味がありません。

　計画と実績に差額が生じた場合は、

　　①　仕事のやり方問題がなかったか
　　②　決まったことを実行していたか
　　③　方針に間違いはなかったか

を検討していきます。

　そして、原因が把握できたら、その対策を早急に実施することです。

　仕事のやり方が悪かったり、決まったことを実施していなかったり、あるいは方針に間違いがあったりした場合は、責任者を指導し、軌道修正していきます。

　一般的に予算が未達の場合は、取引先や環境のせいにしてしまいがちです。

　こうした理由で安易に予算を修正してしまうと、当初の利益目標は当然不可能となります。ただ、天災地変の不測の事態には、予算の下方修正が必要となりますが、極力最小限にとどめるようにします。

　最後に、予算管理の利点と注意点にも触れておきます。

　こうした予算管理の利点としては、

　経営者にとっては、

　　　①計画の達成状況をリアルタイムで把握できます。

　　　②予測される環境変化に注意を払うことができます。

　　　③責任を明確にすることができます。

　管理者にとっては、

　　　①何をすれば良いのかが明確になります。

　　　②業績を測定する基準が明確になります。

　一般社員にとっては、

　　　①目標数値が明確になります。

　　　②費用を意識した行動がとれます。

　一方、注意点としては、

　　　①予算は、予測や見積りに基づいて作成した計画なので、環境の変化等で修正が必要です（安易な修正はしないが）。

　　　②予算は作成しただけでは効果がなく、きちんと管理して初めて効果がでるものということを認識することです。

　予算管理が実際に効果を十分に上げていくためには、経営者から一般社員まで全社レベルでの理解と協力が得られることが大切です。どんなすばらしい予算ができても、その予算を達成しようとしても会社全体で取組んでいく姿勢がなければいけません。予算は単なる希望や願望ではありません。こうした認識では、目標を達成できないだけでなく、企業として生き残れないことになります。

予算管理表(例)

(単位:万円)

項　目	年度予算	当月までの累積			○月			○月		
		計画	実績	差額	計画	実績	差額	計画	実績	差額
1.売上高	12,000	1,000			1,000			1,000		
2.売上原価	8,400	700			700			700		
材料費	3,000	250			250			250		
労務費	3,000	250			250			250		
外注費	1,200	100			100			100		
経費	1,200	100			100			100		
売上総利益	3,600	300			300			300		
3.販売費一般管理費	2,400	120			120			120		
人件費	1,200	200			200			200		
賃借料・リース料	840	70			70			70		
旅費・交通費	240	20			20			20		
その他経費	120	10			10			10		
営業利益	1,200	100			100			100		
4.営業外損益	600	50			50			50		
支払利息・割引料	600	50			50			50		
その他損益	0	0			0			0		
経常利益	600	50			50			50		
差異対策										

おわりに

　最後までお読みいただきましてありがとうございました。

　A4用紙1枚で作る起業計画は、いかがでしたでしょうか。A4用紙1枚の中に17項目の作成項目がございます。どれも起業するに際し重要な項目になります。

　計画を作るは苦手という方もいらっしゃると思います。しかし、経営は、成り行きで行うといつの間にか、問題が生じても発見できません。そして次第に業績不振に陥るということにもなりかねません。こうした事態を防止する意味でもしっかり計画を立てて、実績との比較をして改善するようにしてください。

　また、起業後に会社の成長する重要な仕組みとして、営業関係など10の経営の仕組みを提案させていただきました。すでに企業として活動している会社では経営の基盤として活用しております。こうした仕組みは、業績に直結します。仕組みがあることにより、強い会社になっていくと言えます。こうした仕組がない場合には、是非導入していただきたいと思います。

　そして経営計画ですが、当初の起業計画で会社がそのまま動くわけではありません。起業後の経営に関する計画も必要になります。計画などなくても何とかなるという方もおりますが、計画があると会社の行先が明確になるため、経営がスピードアップします。是非、経営計画をお作りいただきたいと思います。

　本書の出版にあたりまして、ビジネス教育出版社の中河直人さんをはじめ大変多くの方々にお世話になりました。

　末筆ながら心より感謝いたします。

宮内　健次

参考図書

- 『創業の手引』、日本政策金融公庫
- 『成功に導く！創業支援マニュアル』、森隆夫著（ビジネス教育出版社）
- 『渉外担当者のための　創業支援がよくわかる本』、経済法令研究会編著（経済法令研究会）
- 『金融機関店周の開業支援便覧』、銀行研修社編著（銀行研修社）
- 『マンガでやさしくわかる起業』、中野裕哲著（日本能率協会マネジメントセンター）
- 『起業の科学』、田所雅之著（日経 BP）
- 『開業白書』、日本政策金融公庫総合研究所（佐伯コミュニケーションズ）
- 『新規事業の立ち上げの教科書〜ビジネスリーダーが身につけるべき最強スキル』、富田賢著（総合法令出版）
- 『改訂新版　超図解！新規事業立ち上げ入門』、木下雄介著（幻冬舎メディアコンサルティング）
- 『これならわかる　マンガで入門！新規事業のはじめ方』、井口嘉則著（ダイヤモンド社）
- 『[新版] グロービス MBA ビジネスプラン』、グロービス経営大学院（ダイヤモンド社）
- 『夢をかなえる！使える事業計画書のつくり方』、石井真人著（ビジネス教育出版社）
- 『事業計画書の作り方・書き方』、長田静子著（中経出版）
- 『マンガでやさしくわかる事業計画書』、井口嘉則（日本能率協会マネジメントセンター）
- 『51 の質問に答えるだけですぐにできる「事業計画書」のつくり方』、原尚美著、（日本実業出版社）
- 『カラー版 マンガでわかる 事業計画書の作り方』、渡辺政之著、（西東社）
- 『できる・使える 事業計画書の書き方』、井口嘉則、家弓正彦、長谷川暢著（日本能率協会マネジメントセンター）
- 『はじめの一歩を踏み出そう　成功する人たちの起業術』、マイケル・E・ガーバー著、（世界文化社）
- 「無印良品は、仕組みが 9 割　仕事はシンプルにやりなさい」、松井忠三著（角川書店）

- 「ガーバー流　社長がいなくても回る「仕組み」経営」、堀川吉太郎著（中経出版）
- 「儲かる会社は人が１割仕組みが９割 – 今いる社員で利益を２倍にする驚きの方法」、児島保彦著（ダイヤモンド社）
- 『年商１億円を目指す社長の「仕組み化」の教科書』、中島裕之著（アスカ・エフ・プロダクツ）
- 『Running Lean 実践リーンスタートアップ』、アッシュ・マウリャ著（オライリージャパン）
- 『ビジネスモデル・ジェネレーション ビジネスモデル設計書』、アレックス・オスターワールド＆イヴ・ビニュール著（翔泳社）
- 『ザ・プロフィット』、エイドリアン・スライウォツキー著（ダイヤモンド社）
- 『経営計画の立て方・進め方』天明茂著（日本実業出版社）
- 『書き込みシート付き超かんたん目標管理』、菅野篤二著（中経出版）
- 『これ１冊でできる・わかる経営計画の立て方・活かし方』、安田芳樹著（あさ出版）
- 『中期経営計画の立て方・使い方』、三和総合研究所井口嘉則・稲垣淳一郎著（かんき出版）
- 『だれでもわかる経営計画の見かた立てかた』、小川雅人著（高橋書店）
- 『ポイント図解 儲かる経営戦略立案の手順』、佐伯祐司著（大和出版）
- 『A4 １枚で作れる！ 経営改善計画の書き方・使い方』、宮内健次著（ビジネス教育出版社）
- 『経営計画の基本』、宮内健次著、（日本実業出版社）
- 『黒字を実現する 20 の「仕組み」の進め方』、宮内健次著（中央経済社）

MEMO

MEMO

（著者紹介）

宮内　健次 （みやうち・けんじ）

中小企業診断士、社会保険労務士
明治大学大学院MBA
明海大学経済学部非常勤講師（起業コース担当）
株式会社千葉銀行に入社し、支店、本部勤務後、株式会社ちばぎん総合研究所にて
コンサルティング部門を25年間経験し部長職などを歴任。その後、公益財団法人
千葉県産業振興センターに入社し、経営相談に2020年まで携わる。
コンサルティングでは、経営計画の作成・推進支援、経営改善支援、5S導入支援、
人事制度構築支援、社員教育などを行う。
そのほか、各地商工会議所などでの講演、TV出演、新聞・経営専門誌への寄稿など多数。
おもな著書は、『A4 1枚で作れる！ 経営改善計画の書き方・使い方』（ビジネス教育出版社）、『経営計画の基本』（日本実業出版社）、『A4一枚で作る　PDCAを回せる 経営計画100の法則』（日本能率協会マネジメントセンター ）、『黒字を実現する20の「仕組み」の進め方』（中央経済社）、『A4一枚で成果を出す！まんがでわかる 経営計画の作り方、進め方』（ウェッジ）など多数。

■ 講演・コンサルティングの連絡先
　E-mail : miyauchi.himawari4456@gmail.com

A4 1枚で作れる！ よくわかる起業の計画

2024年1月31日　初版第1刷発行

著　者	宮　内　健　次
発行者	延　對　寺　哲

発行所　　株式会社ビジネス教育出版社

〒102-0074　東京都千代田区九段南4-7-13
TEL 03（3221）5361（代表）／FAX 03（3222）7878
E-mail▶info@bks.co.jp URL▶https://www.bks.co.jp

印刷・製本／モリモト印刷株式会社
装丁・DTP／有留　寛
落丁・乱丁はお取替えします。

ISBN 978-4-8283-1051-0